Tendenzen der zeitgenössischen Dramatik

INTERDISCIPLINARY STUDIES IN PERFORMANCE

HISTORICAL NARRATIVES. THEATER. PUBLIC LIFE

Edited by Mirosław Kocur

VOL. 1

Zu Qualitätssicherung und Peer Review der vorliegenden Publikation

Die Qualität der in dieser Reihe erscheinenden Arbeiten wird vor der Publikation durch einen externen, von der Herausgeberschaft benannten Gutachter geprüft.

Notes on the quality assurance and peer review of this publication

Prior to publication, the quality of the work published in this series is reviewed by an external referee appointed by the editorship.

Paul Martin Langner / Agata Mirecka (Hrsg.)

Tendenzen der zeitgenössischen Dramatik

PETER LANG
EDITION

Bibliografische Information der Deutschen Nationalbibliothek
Die Deutsche Nationalbibliothek verzeichnet diese Publikation
in der Deutschen Nationalbibliografie; detaillierte bibliografische
Daten sind im Internet über http://dnb.d-nb.de abrufbar.

Diese Publikation wurde gefördert von der
Pädagogischen Universität in Krakau.

Rezensiert von: Prof. Juan Jose Hernandez Medina,
Universidad de Almeria (Spanien)

Umschlagabbildung mit freundlicher Genehmigung
von Benjamin Ben Chaim

Gedruckt auf alterungsbeständigem,
säurefreiem Papier.

ISSN 2364-3919
ISBN 978-3-631-65597-9 (Print)
E-ISBN 978-3-653-04820-9 (E-Book)
DOI 10.3726/978-3-653-04820-9

Inhaltsverzeichnis

Einleitung

Gegenwartstheater unter wissenschaftlicher Perspektive zu untersuchen bedeutet ein „Re-Reading" des eben Vergangenen. Zeit ist das eklatante Maß des Theaters, die Vergänglichkeit des Moments und seine Rekonstruktion sind Anliegen der Forschung. Ist Gegenwart der Moment, nachdem das Geschriebene zur Vergangenheit gehört, das Gesprochene im Moment verklingt, in dem es ausgesprochen wird, so ist die Rekonstruktion des Gerade-Verlorenen keine Bestandsaufnahme, sondern Inszenierung von Zeit mit dem Anspruch von Zeitlosigkeit. Es entsteht eine Art Rückblick auf das, was die Gegenwart noch eben mitkonstruiert. Denn die Zeitlosigkeit fordert nicht das Ausblenden sozialer, historischer oder mentaler Argumente, sondern deren Vergewisserung, Verdeutlichung und Verdichtung. Vergegenwärtigung meint eine Stabilisierung des Flüchtigen und damit eine Rückgewinnung von Vergangenem, das noch auf die Gegenwart Auswirkungen hat. Dieses Wechselspiel unter der Perspektive auf das zeitgenössische Theater und die Dramatik auszuloten, war das Anliegen der Herausgeber. Wir danken den Beiträgern für die anregenden Gespräche und die Bereitstellung ihrer Artikel.

Aufgabe war es, Tendenzen in den Entwicklungen des zeitgenössischen Dramas aufzuspüren und abzustecken. Daraus ergab sich eine Pluralität methodischer Ansätze, die Anregungen bieten und Diskussion herausfordern. Unter ganz unterschiedlichen Perspektiven sind Fragen der Konstruktion der Dramentexte in die Beiträge eingeflossen, als auch Aspekte der Rezeption. Beides gehört bei der Rekonstruktion des gegenwärtig Wirksamen zusammen.

Trotz aller Eigenständigkeiten der verschiedenen Perspektiven verbinden sich die Beiträge im Blick auf spezifische Tendenzen. So wurden neue methodische Ansätze herangezogen, die das Theater unter der Perspektive der Pertubation darstellen (Stillmark), aktuelle Tendenzen in der Auseinandersetzung mit der Geschichte (Diestelhorst), der Konstruktion von Erzählpositionen und Grenzen des Erzählbaren (Tigges) vorgestellt. Auch andere Konstruktionsmomente des zeitgenössischen Dramas, wie die Diegesis (Gospodarczyk) oder der Atmosphäre (Mirecka), wurden durch die Vorstellung jüngerer Bühnenautoren diskutiert. Ein wesentlicher Aspekt war die Frage nach der Reflektion der Position des Subjekts im Gegenwarts-Theater wie sie u. a. bei Diestelhorst, Famula oder Gospodarczyk zur Diskussion gebracht wurde. Mehrfach wurden Aspekte der Rezeptionsästhetik thematisiert (so bei Bajorek, Pfau und Steinke). In den Ansätzen, die Marthaler in seinem Theater der Langsamkeit (Starke) oder Nitsch (Wałczyk) mit Blick auf das Ritual verfolgen, wurden die Möglichkeiten und Grenzen der Darstellbarkeit im modernen Theater problematisiert.

Die Beiträge versammeln zugleich eine Anzahl von modernen Dramatikern und geben damit einen Einblick in zeitgenössische Tendenzen des Theaters, zu nennen wären: Lukas Bärfuss, Bertold Brecht, Martin Crimp, Ödön von Horvarth, Janosch, Dea Loher, Christoph Marthaler, Heiner Müller, Hermann Nitsch, Roland Schimmelpfennig, Lothar Trolle, sowie eine Reihe von namhaften Opernregisseuren (Steinke).

Obwohl der Band eine überschaubare Zahl von Beiträgen vereint, wird an dieser Übersicht sichtbar, wie vielgestaltig die Tendenzen des Gegenwartsdrama sind, und in der Zusammenstellung methodischer Zugänge wird die Frage der wissenschaftlichen Auseinandersetzung virulent.

Paul Martin Langner

Methodische Zugänge zur zeitgenössischen Dramatik

Hans-Christian Stillmark (Potsdam)

Perturbation als Analysemethode dramatischer Texte. Dramaturgien der „Störung" bei Bertolt Brecht und Heiner Müller

1. Der Dramatiker und sein Ort der Störung

Untersucht man das Problem der ‚Perturbation' in den Beziehungen zwischen den Künsten und anderen kulturellen Kontexten, so stößt man unweigerlich auf die Funktionsbeschreibungen dramaturgischer und theatralischer Zusammenhänge. Es ließe sich zweifellos einiges über die spezifisch gesellschaftliche Funktion des Theaters in unterschiedlichsten Zeiten und Räumen hier zusammentragen und es wären komparatistische Untersuchungen in der Theatergeschichte von der Antike bis in die Gegenwart denkbar. Besonders seitdem sich die Künste gegenüber den gesellschaftlichen Zuständen nonkonformistisch emanzipierten, ist das ‚Prinzip Störung' im Verhältnis zu den jeweils herrschenden symbolischen, religiösen und anderen ideengeschichtlichen sowie sonstigen ideologischen Ordnungen unübersehbar geworden. Jegliche Konzepte avantgardistischer Poetiken und Dramaturgien fallen hier ins Auge und sind unter dem Gesichtspunkt innovativer, reformatorischer und revolutionärer Veränderung häufig dargestellt und untersucht worden. Unter dem Aspekt der Kritik, insbesondere der Gesellschafts- und Kulturkritik, sind immer wieder verschiedenste Segmente des Kulturellen einer Bestandsaufnahme unterzogen worden. Gerade die autopoietischen Zusammenhänge von Tradition und Innovation sowie Dialektik von Kontinuität und Diskontinuität bzw. die von Evolution und Revolution lassen das ‚Prinzip Störung' zu einem grundlegenden Entwicklungsimpuls anschwellen. Insofern scheint mir der Ansatz wegweisend, nicht mehr wie bisher dramaturgisch Neues unter dem Zeichen sozialer Emanzipation, geschlechtsspezifischer Dissoziation, oder macht- bzw. zeichenpolitischer Dekonstruktion zu demonstrieren, sondern die Störung selbst als strukturelles Dispositiv poetischer Diskurse herauszustellen.

Das auf-, ver-, wenn nicht gar zer-störende Moment des Eingriffs in kontinuierliche Zustände oder Abläufe zu betonen[1], ist nun auch mein Anliegen. Ich möchte dies anhand des Wandels von dramaturgischen Arbeitspositionen ausgewählter

---

[1] Ausführlich dazu Gansel / Ächtler 2013.

Autoren in der deutschen Dramatik des 20. Jahrhunderts demonstrieren. Es geht um Dramaturgien, die sich von dem Verständnis ihrer Hervorbringer her als revolutionär ausgewiesen haben. Brecht und Müller wollten mit dem Drama und dem Theater Einfluss auf Gesellschaft nehmen. Ihnen ging es um ein marxistisch akzentuiertes, dialektisches, soziales Denken und Handeln. Aus einer systemtheoretischen Perspektive geht es mir darum zu zeigen, wie Dramatiker durch Störungen der kommunikativen Beziehungen in das eingreifen wollen, was Kommunikation bewirkt: auf soziale Verhältnisse. Vorweg sei betont, dass ich die Hoffnung auf eine mögliche Wirksamkeit, die die ausgewählten Autoren mit ihrer theatralischen Intervention verbunden haben, nicht in der gleichen Weise teile. Ich bin vielmehr mit Niklas Luhmann der Ansicht, dass die durch Kommunikation produzierte moderne Gesellschaftlichkeit mit mannigfaltigen und teilweise unüberschaubaren Beziehungen ausgestaltet ist, von denen die künstlerischen und theatralischen Verhältnisse im Vergleich mit ökonomischen, machtpolitischen, religiösen oder juristischen Relationen eine vergleichsweise eingeschränkte sozio-kulturelle Wirkungsmacht besitzen.

Mit meiner Auswahl von Bertolt Brecht und Heiner Müller beziehe ich mich auf unterschiedliche Generationen, die zudem mehr oder minder in einem Lehrer-Schüler-Verhältnis zueinander standen. Brechts Aufforderung aus der „Maßnahme": „Ändere die Welt, sie braucht es"[2] ließ auch Heiner Müller nicht kalt; den Störfaktor Theater auf den Umbau der Gesellschaft zu richten, haben beide in allen Perioden ihres Schaffens favorisiert. Mir geht es aber nicht um die reine Lehre des wie auch immer gearteten linken Engagements, es geht mir vor allem um die Abweichungen, um die Hybridisierung der dramatischen und theatralischen Praxis. Ich betone dabei die Differenz von dramatischer **und** theatralischer Produktion, weil Brecht und auch Müller als Theaterleiter und Regisseure gearbeitet haben.

Beide Autoren haben mehrere revolutionäre Veränderungen der kulturellen und sozialen Kontexte nicht nur erlebt, sondern auch zu gestalten versucht. An der Wandlung ihrer Positionen lässt sich die Schwellensituation nachvollziehen, die die Künste und die Kulturen im 20. Jahrhundert in Mitteleuropa durchlaufen haben. Sie kamen in ihrer revolutionären Praxis neben ihren ‚natürlichen' politischen Gegnern vor allem mit ihren unmittelbaren politischen Verbündeten in Konflikt und erlebten mit ihren Vorschlägen Ablehnung, Widerstand und Verbote. Indem Brecht und Müller eine dominierende Kultur der Deutschen attackierten und gleichzeitig neu zu etablieren suchten, bekannten sie sich zum Prinzip

---

2   Brecht 1998, S. 54f.

‚Störung' in einer offensiven Weise. Generell gilt für die beide: Mit ihrer jeweiligen revolutionären Dramaturgie störten sie die bisher sanktionierten und etablierten Signifikationen sowie den damit verbundenen kommunikativen Umgang. Die Arbeit an den Metaphern, Zeichen und Symbolen sollten der Intention ihrer Urheber nach anstößig, skandalträchtig, aufstörend und beunruhigend wirken.

Demonstrieren will ich die dramatischen und theatralischen Perturbationen auf mehreren Ebenen. In einer ersten Perspektive gehe ich auf die collagenhafte Darbietung von dramatischen Narrationen ein. Das betrifft also die Handlung, die in einem nichtaristotelischen Sinn verkürzt, montiert, geschnitten, oder aber auch ganz außer Kraft gesetzt wird. Stichwortartig: „Von der Fabel zum Fragment".

Zum Zweiten behaupte ich, dass die Auflösung des handelnden Subjekts, insbesondere des Helden und also der zentralen Hauptgestalt im Drama, für das ‚Prinzip Störung' bei meinen ausgewählten Beispielen von Belang ist. Thesenhaft hier: „Vom Helden zum Gespenst."

Drittens ist es das Geschichtsdrama als Genre selbst, das sich bei diesen Dramatikern in einer Krise zeigt und als Schwelle begriffen werden kann. Das Geschichtsdrama stellt sich in dieser Betrachtung als „liminale Zone" (variiert im Sinne Turners) und somit als ein Übergangsraum dar, der von Störungen durchzogen ist. Stichwort: „Vom Geschichtsdrama zu postdramatischer Lyrik".

Mit diesen Strukturelementen, die von der aristotelischen Dramaturgie abweichen, werden von Seiten der Autoren in Richtung der Adressaten Ver-Störungen produziert. Als Adressaten gelten dabei sowohl die Zuschauer wie die an der Institution Theater beteiligten Produzenten. Im Sinne Brechts gilt es die Darstellkunst wie die Zuschaukunst gleichermaßen zu entwickeln. Der Umgang mit dem Publikum als strategisch-konzeptioneller Ort, auf den die störenden Eingriffe gerichtet sind, wäre insofern die vierte Ebene meiner Betrachtung. Es geht also, um mit Brechts Terminologie zu sprechen, um die „Kleine" wie die „Große" Pädagogik[3]. Wirkungsästhetisch ist damit die theatralische Störung sowohl auf den kleinen begrenzten Raum des Theaters, als auch auf die gesamte gesellschaftliche Öffentlichkeit gerichtet. In beiden Räumen soll die Perturbation Arbeit an der Änderung der Welt leisten. In dieser wirkungsästhetischen Perspektive sind die Reaktionen der Zuschauer, Kritiker, Politiker als perturbative Faktoren in Betracht zu ziehen. Diese Faktoren im Einzelnen abzuhandeln, sprengt freilich die vorliegende begrenzte Darstellung, deshalb konzentriere ich mich hier auf die primären Momente des Perturbativen, die ich auf der Seite der dramatischen und theatralischen Produktion untersuche.

---

3   Vgl. Mittenzwei 1986, Bd. 1. S. 340ff.

2. Beispiel Brecht: „Ich glaube an die sanfte Gewalt der Vernunft"

Bertolt Brecht war seit seinen Anfängen, ein Feind des etablierten bürgerlichen Theaters. Er war bestrebt dessen Dramaturgie wirkungsvoll entgegenzuwirken und er scheute keine Gelegenheit, dies auch nachdrücklich publik zu machen. Seine ätzende Warnung an das Theaterpublikum, an der Garderobe mit dem Hut nicht auch den Verstand abzugeben, seine Aufforderung, nicht so „romantisch" zu „glotzen"[4], sein furios gegen die herrschenden Tabus kalkuliertes Künstlerschicksal „Baal", die frühen Skandale in der Regie eigener und fremder Stücke, seine Aufsehen erregenden Selbstinszenierungen ab den zwanziger Jahren – all das ist bekannt. Ich kann beim Dramatiker Brecht im Hinblick auf sein Konzept der Störung fünf verschiedene Phasen unterscheiden. Da Brecht seine „Versuche" zeitlich immer mehrgleisig betrieb, lassen sich diese Phasen nicht hintereinander auf einem Zeitstrahl betrachten. Mir sind daher auch die Modi wichtiger, die die jeweiligen Eingriffe kenntlich machen.

Für die 1. Phase ist vor allem die Kritik an der bürgerlich-wilhelminischen Rauschästhetik[5] hervorzuheben. Die Kritik am Spießbürger, am hohlen Schein, an der überkommenen Lebensabgewandtheit der Kunst, an der illusionistischen Lebens- und Kunstproduktion hieß u. a. den **hohen** Theaterraum provokativ durch den **Boxring** zu ersetzen. Brecht bezog seine Störungen vorrangig gegen die Kontinuität des Kunstbetriebs und insbesondere gegen das herrschende kulinarische Theater, das nach Brechts Meinung die Wirklichkeit ausblendete. Er attackierte das rauschhafte Betäuben und das kritiklose Bewahren von unhaltbaren Zuständen mit allen literarischen Mitteln. Er verfasste eine Art „Gegenlyrik", die die Pose der Erbaulichkeit attackierte und forderte im „Lesebuch für Städtebewohner" (1926/27) auf:

> „Laßt eure Träume fahren, dass man mit euch/ Eine Ausnahme machen wird. [...] Laßt nur eure Hoffnungen fahren [...] Ihr müsst euch ganz anders zusammennehmen/ Daß man euch in der Küche duldet. [...] Die Esser sind vollzählig/ Was hier gebraucht wird, ist Hackfleisch."[6]

---

4 Brecht hatte 1922 anlässlich der UA seines Stückes „Trommeln in der Nacht" im Zuschauerraum Plakate hängen lassen mit Sprüchen wie: „Glotzt nicht so romantisch" oder „Jeder Mann ist der beste in seiner Haut". Vgl. Hecht 1997, S. 144.

5 Der Begriff ist von Frank Raddatz als zentrale Kategorie in Brechts Denken beschrieben worden. Vgl. Raddatz 2010, S. 23.

6 Brecht 1988, S. 163f.

Die Störung bezog sich auf die Funktion von Kunst bei der Diskussion um die Vorstellung des richtigen oder sinnerfüllten Lebens. Die einst als zielführend angesehenen klassischen Ideale erwiesen sich aus Brechts Sicht als Verbrämungen eines erbarmungslosen Überlebenskampfs. Die brutale Öffentlichkeit dieser Kämpfe duldete kein augenschließendes Genießen, das Pathos war hohl, das Mitleid eher aufgesetzt und folgenlos. Unvereinbar mit dem Großstadtleben und der Vermassung wurden die Kategorien des aristotelischen Theaters vom Scheppern der Blechbläser verhöhnt, verworfen und destruiert. Symbolisch erfährt die Bühne schon von vornherein strategische Störungen. Der Boxring wurde bereits erwähnt, durch die Erfindung des Brechtvorhangs betonte der Augsburger die Illusionsproduktion des Theaters. Die naturalistisch aufgezogene Vierte Wand wurde damit wieder abgerissen. Die Trennung des inneren Bühnenraums und des äußeren Zuschauerraums erfuhren in dieser Konsequenz eine Aufhebung. Tendenziell wurde damit der Konflikt zwischen Bühne und Publikum zur Metaebene theatralischer Kommunikation in eine neue Aufmerksamkeit gehoben. Es wurde zusätzlich zu den auf der Bühne verhandelten Konflikten zwischen den Figuren ein Feld von Auseinandersetzungen thematisiert. Es handelte sich damit um Störungen, die vor allem den bürgerlichen und kulinarischen Theaterbetrieb der 1920er Jahre attackierten. Genaugenommen sind die Störungen im Kern Verschiebungen, die in den späteren Jahren als „Verfremdungen" und „V-Effekte" theoretisiert und von seinen Schülern ausbuchstabiert wurden: Der Boxring als Affront gegen die Loge, die Bettleroper gegen die reichen Leute, das Didaktische gegen das Kulinarische, das Sachliche gegen den Rausch usw. – die Frontstellungen könnten fortgesetzt werden. Die Freude am Skandal der geplatzten (!) Uraufführung des „Lebens Eduards des Zweiten" (1923/24) wog für ihn den Regieerfolg desselben Stücks auf.

Die 2. Phase der Brechtschen ‚Störungen' begann am Ende der Weimarer Republik. Nun konzipierte Brecht verstärkt das Lehrtheater als Transmission des dialektischen Denkens in die geschichtsbildenden Kräfte einzusetzen. Brecht blieb also nicht bei der Kritik an den künstlerischen Hervorbringungen der bürgerlichen Kultur stehen. Es war nur eine Frage der Zeit bis er mit seinem Sinn für kausale Zusammenhänge auf Verhältnisse stieß, die sich der Figuration über eine Person verweigerten. Formulierungen wie „Das Petroleum sträubt sich gegen die fünf Akte"[7] oder „Weiß ich was ein Mensch ist? [...] Ich kenne nur seinen Preis"[8] lassen Interessen erkennen, die über eine ökonomische Grundierung von Figuren reflektieren und die **wirklichen** Verhältnisse ins Theater bringen wollen.

---

7   Vgl. Brecht 1992, S. 303.
8   Brecht 1998, S. 54.

Die „Maßnahme" (1930) und „Die heilige Johanna der Schlachthöfe" (1931) stehen sich hier in der Anwendung von unterschiedlichen Dramaturgien gegenüber.
Beide signalisieren als Dekonstruktionen des Helden, dass diesem die bisherige
Verantwortung für das Handeln weitgehend entzogen wird. Die bisherigen Helden wurden in Brechts dialektischem Theater weitgehend zum Funktionieren im
gesellschaftlichen Nexus reduziert. War bei „Mann ist Mann" (1927) der Einzelne
noch in seinem Untergang in der Massengesellschaft interessiert verfolgt worden, so ist die Auslöschung der Gesichter – siehe „Die Maßnahme" – auch für
die zukünftigen Aufgaben als geschichtlich notwendige Haltung favorisiert. Was
tun in einer Situation, in der die geschichtsbildenden Koordinaten einen großen
Einzelnen nicht mehr benötigen und die Klasse selbst zunehmend gesichtslos
wird? Als Antwort auf den Ausfall des Einzelnen, der im Drama der Veränderung seine Souveränität verliert, bot sich der Kontroll-Chor als neue Instanz an,
die die Klassensituation zum Ausdruck bringen sollte. Diese Konstellation wird
40 Jahre später in Heiner Müllers „Mauser" (1970) aufgenommen, wo das Drama der Revolution zwischen Figuren mit dem Namen „A", „B" und dem „Chor"
verhandelt werden. Blickt man mit dem Abstand von 80 Jahren auf diese Frage
zurück, so scheint sie vorschnell gestellt und auch beantwortet worden zu sein,
denn der Einzelne trägt für sein Handeln nach wie vor die Verantwortung. Dies
ist freilich nicht damit zu verwechseln, dass er allein für den Gesamtzustand der
Welt verantwortlich sei. Der hier nur angedeutete Konflikt lässt keine rigorosen
Vereinfachungen zu. Müllers Statement zur „Verabschiedung des Lehrstücks"
(1977) historisierte das Problem des fehlenden dramatischen Subjekts nach der
Biermann-Ausweisung auf seine Weise: „Die christliche Endzeit der MASSNAH-
ME ist abgelaufen […] die gelernten Chöre singen nicht mehr." [9]

Für Brecht gilt es noch mit dem neuen Subjekt, eben der proletarischen Klasse
und deren Partei die als tödlich empfundene Kontinuität zu erschüttern. Der bür-
gerliche Staat, der sich schon in der „Dreigroschenoper" (1928) mit dem Verbrechen liierte, ist nicht nur aufzustören, er ist für den Brecht der 2. Phase gänzlich zu
zerstören. Hier soll die Theaterkunst als Transmissionsriemen in den Auftrag der
Parteiarbeit gestellt werden. Ein Theater, das nur noch Beteiligte kennt, richtet seine Kräfte auf die Veränderung der Welt. Die teilweise aus der Antike übernomme-
ne Vorstellung von Gruppen, die einander in sokratischen Dialogen unterweisen,
steht dabei allerdings der politischen Praxis einer zentralistischen Partei entgegen.

---

9   Müller 2005, S. 187.

Ästhetisch reformierte Brecht mit seinen „Versuchen"[10] das Drama, politisch kam er dabei aber in Konflikt mit den konservativen Kunst- und Kulturvorstellungen der KPD. Das Projekt der Kunst einer neuen Gesellschaft war bekanntlich damals in der KPdSU wie auch in der KPD heftig umstritten.[11] Insofern verwundert es nicht, dass die heftigsten Kritiken an der „Maßnahme" u. a. von der Parteipresse der KPD geführt wurden. Systemtheoretisch ist damit eine äußerst interessante Situation entstanden: Die Störungen, die Brecht vermittels von Kunstprojekten inszenierte, widersprachen jenen störenden Eingriffen in Taktik und Strategie, auf die sich „seine" revolutionäre Partei ausgerichtet hatte. Hinzu kommt: Als 1930 bei der Uraufführung des Stückes „Aufstieg und Fall der Stadt Mahagonny" in Leipzig von den Gegnern Brechts aus der Nazi-Partei ein Skandal inszeniert wurde, sah sich Brecht, der bereits seit Mitte der 1920er Jahre auf den ‚schwarzen' Listen der NSDAP geführt wurde, einer besonderen Situation gegenüber: Seine szenische ‚Störung', die die Bürgerlichkeit attackierte, wurde ihrerseits von den antibürgerlichen Nazis behindert und ‚gestört'. Die Anstößigkeit hatte hier wiederum ganz andere Gründe als jene Kritik von den Genossen, die im Zusammenhang mit der „Maßnahme" deutlich wurde.[12] War es bei „Mahagonny" die Realismus–Auffassung und der Streit über die künstlerischen Mittel der theatralischen Antibürgerlichkeit, so wurde in der „Maßnahme" die dargestellte revolutionäre Aktion (insbesondere der Mord am jungen Genossen) als Ganzes als verfehlt von der Partei kritisiert. Diese Situation ist in Hinblick auf die Kulturpolitik der KPD und der späteren SED als Kontinuität in Brechts Arbeit zu beobachten. Das generelle Verbot, die „Maßnahme" überhaupt aufzuführen, ist damit auch symptomatisch für die Lösung eines solchen innerparteilichen perturbativen Konflikts. Und auch noch später wird Brecht vergleichbar opportunistische Haltungen einnehmen, etwa im Fall des Formalismus-Vorwurfs gegen die Oper „Die Verurteilung des Lukullus" (1951), die er gemeinsam mit Paul Dessau erarbeitet hatte. Zu nennen wäre auch das Zurückstellen des eigenen Rosa-Luxemburg-Projekts, das er seit 1927 in Analogie zur französischen Jeanne d'Arc oder zur Maria-Gestalt der Katholiken für die kommunistische Bewegung plante und 1952 endgültig auf Eis legte mit der Bemerkung: „Ich werde doch den Fuß nicht abhacken, nur um zu beweisen, daß ich ein guter Hacker bin."[13]

---

10 Die gleichnamige Publikationsreihe, die Brecht ab 1930 herausgab, stellte sich ganz in den Dienst seiner neuen antiaristotelischen Dramaturgie. Vgl. Brecht 1930.
11 Siehe zur Geschichte des sozialistischen Realismus unter dem Stichwort „Realismus/ realistisch" Klein 2003/ 2010, Bd. 5, S. 149–197, bes. 178ff.
12 Vgl. Mittenzwei 1986, S. 289.
13 Bertolt Brecht zit. nach: Schumacher 2006, S. 218.

Mit dem Exil und im Kampf gegen den Faschismus erfolgte eine opportunistische Wendung gegen die eigenen Überzeugungen, die eine 3. Phase im
Brechtschen Schaffen eröffnete. Der Dramatiker rückte von zentralen Aspekten
der eigenen Störungspoetik ab und favorisierte nun eine Volksfrontstrategie. In
einer Situation, in der die Partei zerschlagen, ihr Wirken nur noch aus der Ille-
galität heraus möglich war, die Brechtschen Werke zu den verbrannten Büchern
gehörten und auf dem Index der NS-Kulturpolitik standen, hieß es für den Exi-
lanten Brecht umzudenken. Ging es in den zwanziger Jahren um die Einbeziehung
der neuen Massenmedien Radio und Film in die moderne Dramaturgie, um den
als überkommen und verlogen empfundenen Theaterapparat zu zerstören, so
kam es Anfang der 1930er Jahre darauf an, mit allen verfügbaren Mitteln den
Aufstieg des Nationalsozialismus zu stoppen. Wurden vorher alle Kräfte gegen
den unpolitischen oder gegnerischen Kunstbetrieb eingesetzt, so mussten jetzt
die vereinzelten und beschädigten Restbestände der Nazi-Gegner gesammelt und
gebündelt werden. Dazu taugte die attackierende Antiaristotelik ebenso wenig
wie das dialektische Lehrtheater. Der Volksfrontgedanke fand in dem Stück „Die
Gewehre der Frau Carrar" (1937) dramaturgisch auch den deutlichsten Ausdruck.
Mit der „Carrar" legte Brecht ein an aristotelische Dramaturgie angelehntes Werk
vor. Wie so oft bei Brecht steht eine mütterliche Figur[14] im Mittelpunkt des Dramas. Anhand der Frau Carrar wird die Wirksamkeit einer Störung in einladend
identifikatorischer Weise für das Publikum nachvollziehbar dargestellt. In den
aktuellen Frontstellungen gegen den sich ausbreitenden Faschismus in Europa er-
zwang die Lage, die Differenzen in den ästhetischen Überzeugungen und Werten
hintenan zu stellen. Die Zerrissenheit in der Menschengestaltung, die Angriffe auf
die als bürgerlich gekennzeichnete illusionistische Dramaturgie und rauschästhe-
tischen Institutionen wurden vermieden zugunsten einer psychologisch sauber
geführten Heldengestaltung mit Menschen ‚aus Fleisch und Blut'. Rücknahme,
Zugeständnis, Tribut an die Situation, Opportunismus – wie immer man diesen
Vorgang bewerten und beurteilen will, die Kalkulation, nur ein „guter Hacker"
zu sein, war Brecht zu leichtgewichtig, als dass er auf seinen bisherigen störungs-
poetischen Standpunkten weiter beharren wollte. Zu stören galt es nunmehr vor
allem den immer stärker werdenden Nationalsozialismus.

Mit dem Exil und der Entfernung von den Institutionen, die Brecht eigentlich
ändern wollte, vollzog sich eine Entwurzelung von der Hauptquelle der störenden
Inspiration. Das Ausbleiben der klassenbewussten Aktion in Deutschland, die

---

14   Es wäre einen eigenen Essay wert, die Bewertung des Mütterlichen bei Brecht und in
     Ausformung seiner Ver-Störungen zu untersuchen.

Erfolge der Hitlerfaschisten, die Querelen der Emigration, das Stillhalten am Gängelband parteilicher Disziplinierungen zähmten nun die auf Störung angelegten Impulse Brechts. Die vierte Phase, in der Brecht nach eigenem Bekunden „öfter als die Schuhe die Länder"[15] wechselte, ist gekennzeichnet durch lähmende Kompromisse; kleine und operative Formen wie die „Flüchtlingsgespräche" (1940). Die Gedichte aus den verschiedenen Stationen des Exils waren die vergleichsweise kümmerlichen Ergebnisse, die einer Existenz weit entfernt von den eigentlichen Kämpfen in stoischer Haltung abgetrotzt wurden. In den „Svendborger Gedichten", den Elegien von Hollywood und den Notaten des Arbeitsjournals sind Brechts Klagen über seine unbefriedigende Situation deutlich nachzuvollziehen. Der gewisse Stolz, mit dem Brecht im „Arbeitsjournal" seine im Exil verfassten Stücke aufzählte, täuscht nur bedingt darüber hinweg, aus welch einer verunsichernden Lage heraus überhaupt eine solche Aufzählung nötig war. Unversöhnlich blieb Brechts Frontstellung gegenüber dem Faschismus, „Nachsicht" prägte die Haltung gegenüber den in der gleichen Frontstellung befindlichen Genossen und Nichtgenossen. Mit ihnen war die Wirksamkeit von perturbativen und irritierenden Poetik-Konzepten langwierig zu verhandeln. Becher, Lukács und Thomas Mann waren dennoch seine Freunde nicht. Im Exil stand die Arbeit an den Parabelstücken im Vordergrund. Hier dominierte wieder der zerrissene Mensch, der unter den gegebenen Umständen der Klassengesellschaft sich entfremdet wurde. „Der gute Mensch von Sezuan" (1939), „Mutter Courage und ihre Kinder" (1939), „Herr Puntila und sein Knecht Matti" (1940), „Der Kaukasische Kreidekreis" (1944) führen das Weiterwirken der Zerrissenheit paradigmatisch vor. Schließlich ist es über das Exil hinaus der Intellektuelle, der Mensch als lehrendes und lernendes Wesen, der im „Das Leben des Galilei" (1939/43/45) und in „Turandot oder Der Kongreß der Weißwäscher" (1953) beispielhaft zur Diskussion gestellt wird. Angereichert mit den Innovationen des epischen Theaters entwickelte sich hier eine Darbietungsform, die den Zuschauer, wie man heute formulieren würde, ‚mitnimmt' und die nicht so sehr Wert legt auf den deutlichen Zusammenstoß, der dann Verstörungen in einem grundsätzlichen Sinne auslöst. Vorgeführt werden gegenwärtige Haltungen, die aus einem verfremdeten Kontext aktualisiert worden sind, die die Distanz erleichtern, ohne die Identifikation gänzlich auszuschließen. Es sind Kompromissformeln, die ihre eigene Fragilität aufscheinen lassen.

Die letzte Phase umfasst Brechts Wirken als Theaterleiter, Regisseur, geachtetes Akademiemitglied und Stalinpreisträger in der DDR. Eingangs beschäftigte Brecht sich nach seiner Rückkehr aus dem Exil wieder und diesmal voller Elan

---

15 Brecht 1988, S. 85f.

mit dem Projekt der „Großen Pädagogik". In den Arbeitsjournalen, Notaten und
Schriften ist zugleich die Kompromissbereitschaft ablesbar, die Brechts Taktie-
ren und Agieren bestimmte. Es ist hier nur daran zu erinnern, dass Brecht unter
den Bedingungen einer ästhetisch rückwärtsgewandten Formalismus-Debatte
seine Auffassungen durchzusetzen hatte. Selbst die Parabelstücke waren, wie
man am Beispiel der „Mutter Courage" erkennen konnte, trotz Publikumserfolg
nur schwer in der Öffentlichkeit des „Neuen Deutschland" zu etablieren. Symptomatisch für die innere Zerrissenheit Brechts selbst sind die Vorstellungen,
die er 1948 in einer Diskussion mit Studenten in Leipzig fast unmittelbar nach
der Ankunft aus dem Exil äußerte. Hier ist die Überlieferung durch Heiner
Müller zitiert:

> „Brecht habe zunächst einmal gesagt, er spricht nur, wenn keine Journalisten dabei sind.
> Also sind alle Journalisten rausgegangen, deswegen ist das nicht tradiert. Diese Stu-
> denten fragten: ‚Herr Brecht, was wollen Sie hier in der sowjetischen Besatzungszone?'
> Und Brecht sagte: ‚Ich will ein eigenes Haus, ein eigenes Theater zur wissenschaftlichen
> Erzeugung von Skandalen.' Das ist eine schöne Formulierung. Die ist aber leider nie
> aufgeschrieben worden. Wieso Skandal, die Leipziger waren etwas irritiert. Und er sagte,
> was dieses Land braucht, sind zwanzig Jahre Ideologiezertrümmerung, und das ist die
> Aufgabe des Theaters in diesem Land."[16]

Bekannt ist auch der Gedanke von Brecht, dass während die Keller noch nicht
ausgeräumt seien die neuen Häuser auf die alten Fundamente gesetzt werden
müssen. Das zielte natürlich auf die verschobene Abrechnung mit dem Faschismus im Alltag der Deutschen. Der Widerstandswille der kleinen Leute gegenüber
der Obrigkeit, die er mit der Inszenierung von Hauptmanns „Biberpelz und roter
Hahn" (1950/51) stärken wollte, steht dafür. Bemerkenswert ist hier wiederum
der Einsatz der von ihm eigentlich abgelehnten naturalistischen Dramaturgie, die
für seine Politik der kleinen Schritte oder die „Kleine Pädagogik" stand. Seinen
Absichten am nächsten kam die Bearbeitung des „Hofmeister" von Lenz (1951),
die er als die Katastrophe des deutschen Intellektuellen innerhalb der deutschen
Misere inszenierte. Für das Thema ‚Störungen' wird deutlich, dass der späte Brecht
sehr wohl die Zuspitzung und auch die Debatte vermied, dass er sich lieber auf die
„sanfte Gewalt der Vernunft" („Galilei") bezog. Er setzte nun auf einen Zeitvorrat
und somit auf einen längeren Atem. Er wollte seine Genossen Kontrahenten in
die DDR-interne Debatte einbeziehen. So war er an der Mitgestaltung des Neuen
beteiligt, ohne diese durch konfrontative Störungen grundsätzlich in Frage zu
stellen. Genügend Zeit blieb ihm bekanntlich nicht.

---

16 Müller 2008, S. 306.

3. Theaterarbeit Heiner Müllers: von der Mitgestaltung zur Verweigerung

Bei Heiner Müller könnte man ebenfalls mehrere Phasen darstellen, in denen die Störungen konzeptuell das Werk konstituieren. Ausgangspunkt ist in seinem öffentlichen Schaffen neben dem eigenen schöpferischen Impuls der Bedarf der DDR-Kulturpolitik nach Darstellungen des gesellschaftlich Neuen auf den Bühnen des Landes. Die Institution Theater war in den Nachkriegsjahren bis in die 1950er Jahre hinein im Unterschied zu gegenteiligen Behauptungen[17] in ihrer Ausgestaltung immer noch stark von ihrer Anpassung und Zurichtung auf die NS-Zeit gekennzeichnet. Die traditionellen Strukturen des deutschen Theaters, die sich der Nazi-Zeit angepasst hatten, waren in der Phase des Aufbaus mitnichten zerschlagen worden. Zwar waren die Intendanzen und Dramaturgien in den Häusern von neuen Leitungen besetzt worden, zwar gab es die Kontrolle der Partei mit einer neuen Leitungsstruktur über die Theater. Es gab auch den Ruf nach einem neuen Kanon, der ein sozialistisches Theater begründen sollte, die neuen Stücke fehlten jedoch. Die alten Spielweisen und die Modi der Begegnung mit dem Publikum blieben aber gegenüber den äußeren Veränderungen resistent. Das Neue, der revolutionäre Umwälzungsprozess der Gesellschaft und vor allem der Menschen in der SBZ/DDR war auf den Bühnen aber bis tief in die 1950er Jahre hinein noch nicht wirklich sinnfällig geworden. Der Streit um die neue Spielweise markierte den Willen der Kulturpolitik zum Umbau der Theater. Die Stücke aus der sowjetischen Dramatik und die Stanislawski-Methode, ein Mitbringsel der Genossen aus dem Moskauer Exil Fritz Erpenbeck, Gustav von Wangenheim, Friedrich Wolf und Maxim Vallentin stellte schon eine Störung in dem sich etablierenden DDR-Schauspieltheater dar. Indem die in Moskau beliebte und von Konstantin Stanislawski entwickelte psychologische Spielweise den deutschen Bühnenkünstlern angepriesen wurde, sahen sich andere Ansätze zur Erneuerung in den Hintergrund oder gänzlich aus den Theatern gedrängt. Brechts Theater war in den Nachkriegsjahren keineswegs stilbildend und hatte sich noch nicht durchgesetzt als gegen Ende der 1950er Jahre neue Dramatiker mit neuen Stücken auf die neue Wirklichkeit zu reagieren begannen. Im Gegensatz zu Kollegen wie Erwin Strittmatter, Friedrich Wolf, Harald Hauser, Helmut Baierl, Helmut Sakowski, Hedda Zinner oder Peter Hacks knüpften Heiner und Inge Müller direkt an Brechts Theater an und entwickelte das, was später missverständlich in Ost und West als das „Didaktische Theater" bezeichnet wurde. Sie versuchten dabei den

---

17 Vgl. Autorenkollektiv 1972.

Prozess der Herstellung der neuen Gesellschaft nicht als bereits schon vollzogen darzustellen, sondern betonten, dass dieser Prozess und seine Konflikte nicht auf dem Theater, sondern nur von der Gesellschaft entschieden werden kann. Dementsprechend zeigten sie keinen idealen Helden, dem nachzueifern wäre in ihren Stücken, sondern verwiesen eher auf die Widersprüche in den Figuren selbst, die den noch zu bewerkstelligenden Prozess der inneren (revolutionären) Veränderung vor sich hatten. Störend und verstörend erwies sich ein derartiges Heldenbild in einem Kontext, das Vorbilder auf der Bühne einforderte. Da in den frühen Stücken Heiner Müllers alle Figuren gleichsam von den widerstreitenden Seiten in sich zerrissen vorgestellt wurden, kollidierte dies mit den an der klassischen Ästhetik orientierten Heldenbildern. Der Abschluss ihrer Stücke sah zudem keine Lösung vor, die ein gesamtgesellschaftliches Idealbild metaphorisch pries, sondern eher einen Verweis auf die „Mühen der Ebenen", die sich in ihrer Gesamtheit noch nicht einmal überschaubar darboten. Bekanntlich hatten Inge und Heiner Müller gerade den Heinrich-Mann Preis 1959 erhalten, als Walter Ulbricht das Ende des „didaktischen Theaters" besiegelte.[18] Es sei dies nicht der Weg zur sozialistischen Nationalliteratur. Wie diese aussehen sollte, konnte allerdings der Parteichef auch nicht sagen. Wenn in späteren Jahren in der DDR solche Forderungen wie folgt aufgestellt wurden, kennzeichnet das die teilweise abgründigen Kontexte, in denen Abweichler oftmals ungewollt und ziemlich leicht Störungen produzieren konnten. Hans Grümmer, es hätten auch andere kulturpolitische Verantwortliche gewählt werden können, formulierte 1963: „In der Literatur und in der darstellenden Kunst kann sich Schönheit nur in schönen Charakteren und schönen Handlungen darstellen."[19] Der Skandal um Müllers Stück „Die Umsiedlerin oder Das Leben auf dem Lande" (1961), der Vorwurf ein konterrevolutionäres Stück geschrieben zu haben, machte sich an der unverhüllten und eben auch „unschönen" Sicht auf die Wirklichkeit fest, die mit ironischen und zynischen Zuspitzungen den gewalttätigen Kollektivierungsprozess auf dem Lande veranschaulicht hatte. „Konterrevolutionär" war von den Kritikern des Stückes vor allem die Darstellung der Partei gekennzeichnet worden.[20] Kurz nach dem Mauerbau wurde eine derartige Sicht, die den Riss in den Figuren zeigte und die schon beim Stück „Der Lohndrücker" (1957) unübersehbar gewesen waren, von den kulturpolitischen Zensoren als unangemessen und nicht hinnehmbar bewertet. Im „Lohndrücker" zeigte sich der allgemein als vorbildlich zu geltende

18 Vgl. Stillmark 2010, S. 335–338.
19 Grümmer 1963, S. 4.
20 Das gesamte Ausmaß der Kritik der SED und ihrer Institutionen ist ausführlich aufgearbeitet in: Braun 1996.

Aktivist keineswegs als klassenbewusster Proletarier. Der Aktivist Balke hatte in Müllers Stück während der Nazi-Zeit seinen späteren Parteisekretär Karras aufgrund von Sabotage verraten. Als Karras es ablehnte mit dem ehemaligen Verräter zusammenzuarbeiten und dieser ihm vorwarf nicht besser als die Nazis zu sein, wurde ein Tabu berührt, das das Stück an den Rand des Verbots brachte. Diese Vorgeschichte der Figur passte nicht zum neuen Helden in der DDR. Die Gleichsetzung von Kommunisten und Faschisten war in der DDR unannehmbar. In der „Umsiedlerin" war keine Figur von vorzeigbarer Qualität, die dem Selbstbild der SED entsprochen hätte. Beim Publikum kam diese Sicht, wie sich erst 14 Jahre später in der Uraufführung zeigen sollte, überaus gut an. Die Folgen für Müller waren 1961 der Ausschluss aus dem Schriftstellerverband, mehrere Jahre Isolation, Publikationsverbot, Aufführungsverbot seiner Stücke bis 1973. Sie wirkten sich aber bis fast an das Ende der DDR aus. Die sich bei Müller anschließende Antike-Rezeption und die Weiterentwicklung der Brechtschen Lehrstückdramaturgie blieben deshalb auch ohne Realisierung auf dem Theater. Auf die Frage, warum sich die Theater *so schwer* mit seinen Stücken tun, antwortete der Dramatiker in einer seiner damals seltenen Stellungnahmen. „Ein Euphemismus: im allgemeinen tun sie mit meinen Stücken gar nichts."[21] Zweifellos ist es schwer bis unmöglich aus der Situation einer solchen Ausgrenzung heraus, einen perturbativen Vorstoß zu entwickeln, der zudem auch noch das Siegel der Systemtreue tragen will. Erst mit Übersetzungen und Bearbeitungen, die der Autor damals u. a. im Auftrag von Benno Besson anfertigte, kam Müller mit dem Theater wieder in Berührung.

Für die Problematik der „Störung" ist dabei eines der aus heutiger Sicht unbekanntesten Stücke – „Horizonte" von 1969 – von besonderem Reiz. Damals bezeichnete Müller es als seine wichtigste Arbeit und zugleich bemerkenswerten Misserfolg.[22] Interessant ist bei „Horizonte" der Grundeinfall:

> „Ausgehend von Shakespeares Sommernachtsraum und dem Modellbegriff der Kybernetik lässt [der Autor, H.-C.S.] die leitenden Mitarbeiter eines Betriebes und ihre Frauen während des gemeinsamen Urlaubs in einem Rollenspiel, das von der wenig beschäftigen Frau des Werksdirektors inszeniert wird, ihre vom Arbeitsalltag verdrängten oder vertagten Probleme verhandeln; einer spielt (optimiert) den anderen, Identitätsfindung durch Identitätsverlust in Verwechslung und Verkleidung. Das war 1968."[23]

In der Rotbuchausgabe von Müllers Werken ist vom Stück nur der 1. Akt publiziert. Es ist damit lediglich verdeutlicht, dass es das Projekt einmal gab. Erst 1989

---

21 Müller 1972, S. 9.
22 Ebd.
23 Müller 2001, S. 49.

hat sich Heiner Müller entschlossen, in der Reihe seiner Shakespeare-Bearbeitungen das Stück unter dem Titel „Waldstück" zu publizieren. Müller distanzierte sich später erneut davon und gab an, er habe es seinerzeit mit „opportunistischen Hintergedanken"[24] verfasst. In seiner Autobiographie schrieb er dazu: „Die Arbeit war ein aussichtsloser Versuch, unter staatlicher Kontrolle das Experiment UMSIEDLERIN zu wiederholen."[25] Der Herausgeber der Werk-Ausgabe Frank Hörnigk hält sich ebenso mit Kommentaren und Bewertungen um das Stück zurück und hat sich dazu entschlossen, beide Fassungen fast ohne Kommentar zu publizieren. Wichtig erscheint aber aus heutiger Sicht unter dem Aspekt der ‚Störung', die eingreifende Wirkungsästhetik Müllers in Erinnerung zu rufen. Das Stück wollte nicht etwa alle Probleme der Gesellschaft als gelöst vorführen, sondern die Akteure und Zuschauer in das verwickeln, was der Philosoph Wolfgang Heise später als „Laboratorium sozialer Fantasie"[26] bezeichnet hatte. Es sollte darauf ankommen, im Nachdenken über das Stück eingeschliffene Denk- und Verhaltensmuster kritisch zu reflektieren und dabei neue Möglichkeiten des sozialen Lebens zu erkunden. Das hätte zur Folge gehabt, dass sich für die soziale Entwicklung als hinderlich erweisende Strukturen diskutiert worden wären, was zur Frage der Macht, die dann von der Partei aufgeworfen wäre, geführt hätte. Die „Große Diskussion", die das Brechtsche Projekt der „Großen Pädagogik" wiederbeleben wollte, blieb aber aus. Im Mittelpunkt des dramatischen Konzepts der Störung stand das Erlernen einer Streitkultur, die die bisherige befehlsgewohnte Diktatur der zentralistisch geführten Partei abgelöst hätte. Eine „Dialektik ohne Dogma"[27], wie sie bspw. der bekannte DDR-Dissident Robert Havemann forderte, wäre so als Anwendung und Beteiligung von den Betroffenen am, wie man damals gesagt hätte, „dialektischen und historischen Materialismus" praktiziert worden. Das Lehren und Lernen im und mit dem Theater wurde jedoch abgebrochen. Das Scheitern dieses Projekts, das die Arbeit der Berliner Volksbühne mit der Laienspielbewegung und dem Ende des Bitterfelder Wegs kurzgeschlossen hatte, ist weitgehend vergessen worden. Daran zu erinnern heißt, den theatergeschichtlich für die DDR wichtigen Versuch Benno Bessons in der Nachfolge Brechts den Volkstheatergedanken mit dem Lehrstück-Versuchen zu verbinden. Es ist überaus aufschlussreich, dass das „Horizonte/Waldstück"-Projekt auf die Bemühungen von Partei- und Staatsführung um die Kybernetik und Systemtheorie reagierte, die am Ausgang der Ära Ulbricht standen. Mit der Applikation

---

24 Vgl. Müller 2001a, S. 568.
25 Müller 1994, S. 238.
26 Heise, 1975, S. 13.
27 Havemann 1964.

der beiden Querschnittswissenschaften sollte das „Neue Ökonomische System der Planung und Leitung" (NÖSPL) in Praxis umgesetzt und befördert werden. Vor allem der Philosoph Georg Klaus hatte das nötige Grundlagenwissen in verschiedenen Publikationen verbreitet. Seine Kybernetik und seine Spieltheorie fusste auf Shannon, Carnap und Steinbuch, nicht jedoch auf Norbert Wiener.[28] Gewissermaßen war die Systemtheorie von Georg Klaus durchaus ein Vorläufer von Niklas Luhmanns Kommunikationsauffassung. Heiner Müller wollte mit seinem Stück die selbstregulierenden Systeme in den geschlossenen Regelkreisen der sozialistischen Produktion auf die kulturelle und soziale Entwicklung des DDR-Sozialismus transferieren. Bessons Inszenierung sah dazu vor, die ersten Reihen der Zuschauer am Schluß des Stücks auf die Bühne zu fahren und das Stück in seine zweite Phase d. h. sogleich in die Optimierung des Publikums zu überführen. „Horizonte/Waldstück" muss deshalb durchaus in die Nähe des Brechtschen Lehrstücktheaters gestellt werden. Die Ereignisse von 1968 in der ČSSR, die eine Reform des sozialistischen Systems hatten scheitern lassen, waren schließlich auch die Hauptgründe, dass Kybernetik und Systemtheorie vom Fokus an die Peripherie der Gesellschaftswissenschaften verbannt wurde.

Vom Stück gab es nur einige wenige Aufführungen. Es war künstlerisch umstritten. Die Terminologie der „wissenschaftlich- technischen Revolution" erwies sich im Stück und in den Aufführungen als hölzern und wenig theaterwirksam. Zudem gab es einen urheberrechtlichen Streit, der die Urfassung durch den Leiter des Arbeitertheater Gerhard Winterlich und dessen Nutzung durch Besson und Müller betraf. Müller bezeichnete die Inszenierung als „Bessons wichtigste Arbeit in der DDR – ein (unser gemeinsamer) Misserfolg."[29]

Man kann die Bemühungen Müllers um die Fortsetzung des Brechtschen Lehrstücks – und „Horizonte/Waldstück" wäre hier hinzuzusetzen – als Versuch sehen, die „Kleine" wie die „Große Pädagogik", also den Umbau des Theaters und den Umbau der Gesellschaft unter den Bedingungen der sozialistischen Kulturpolitik vom Theater her erneut in Gang zu setzen. Zweifellos war dies ein utopisches Unterfangen und es ist nach dem Prager Frühling vielleicht nur mit der Agonie des Systems Ulbricht zu erklären, dass es in dieser Perspektive noch ein dramaturgisches Nachspiel fand. In der Prosa war mit Christa Wolfs „Kein Ort nirgends" (1979) das Scheitern des sozialistischen Brandenburg verharmlosend in den romantisch-literaturgeschichtlichen Raum verschoben worden. Es gehört zu den realsozialistischen Paradoxien, dass das Konzept der permanenten Einmischung

---

28   Vgl. Klaus 1966, und Klaus 1968.
29   Müller, 1972, S. 9.

und Störung seitens der Kunst in die gesellschaftlichen Institutionen, um deren
Umbau zu bewirken, zwar durch die Ideologie der Partei gefordert wurde, in
der Praxis aber vehement bekämpft wurde. Spätestens dann, wenn die Frage der
Macht gestellt wurde, musste das Wahrheitsmonopol der Partei ins Wanken geraten und das wurde bis zum Ende der DDR nie zugelassen. Das in der Dramatik
anzutreffende Konzept der Perturbation stellte aber die Machtfrage in Permanenz
und arbeitete einer Aufhebung des Staates gemäß einem selbstregulierenden System entgegen. Per Kunstausübung und Kulturpraxis in einem weitverstandenen
und -definierten Sinn wäre so die Parteiarbeit als revolutionäre Transformation
sich selbst aufbauend und unterlaufend zu einer historisch völlig neuen Syste-
matik generiert. Da diese Gedanken teilweise Eingang in die Parteidokumente
fanden und von marxistischen Philosophen wie Georg Klaus propagiert wurden,
war die Versuchung groß, sich darauf einzulassen. In seinem „Diskussionsbeitrag"
von 1972 formulierte der Autor nicht ohne Hoffnung:

> „Die Institutionen, die den kollektiven Lernprozeß zu organisieren hätten, die Formu-
> lierung von Ergebnissen, die Aufhebung von Erfahrungen in Produktion, verbrauchen
> ihre besten Kräfte für die Herstellung eines oberflächlichen Konsenses, der den Mei-
> nungsstreit beendet, bevor er begonnen hat, konträre Standpunkte nivelliert, bevor sie
> formuliert sind."[30]

Der Schub, den Honeckers Machtantritt auch im Hinblick auf eine Lockerung
der Zensur versprochen hatte, konnte diese Illusionen nur noch verstärken. Aus
Müllers damaligem Blickwinkel sind diese Jahre bei allem Zwiespalt wahrscheinlich als relativ glückliche Jahre betrachtet worden. Die Beharrungskräfte und die
Macht der Gewohnheiten wurden aber von den Aktivisten dieser „systemtheoretischen" Wende unterschätzt. Die Notbremsen der Apparate, die Reaktionen
auf Störungen und Einmischungen, die sich hinter einem undurchschaubaren
Genehmigungs- oder Zensurwesen verschanzten, schließlich die offensichtli-
chen Zügelungen und Dezimierungspraktiken, wie sie mit Formalismus-Debatte
(1951), dem „Kahlschlag"-Plenum (1965), der Biermann-Ausweisung (1976), der
Relegation von Autoren aus dem Schriftstellerverband (1979), der öffentlichen
Anprangerung und Verurteilung, wie sie etwa auf der „Kulturkonferenz der FDJ"
(1982) vorgenommen wurden, ragen als Spitzen dieser Disziplinierungsmaß-
nahmen und Selbstregulierungen eines in immer stärkere Erstarrung hinüber-
gehenden Machtsystems heraus. In Reaktion auf 1976 schrieb Müller schließlich
die „Hamletmaschine". Er formulierte darin die Absage an die autopoietische
Revolte. Das Projekt, mit der Störung einen Reformprozess der Gesellschaft in

---

30 Ebd.

Gang zu setzen, wurde hier als unrealisierbar begraben. Es ist das Ende des Geschichtsdramas durch Müller konsequent bedacht worden. Weder kann die zentrale Hauptfigur eine eigene Identität und Kontur ausbilden, noch besteht eine Handlungsperspektive durch die Maschine und ihre gewalttätige Politik, in die der Autor eingepasst ist, entkommt. Aus „Hamlet" wird der „Hamletdarsteller", der wiederum als Inkarnation des „Autors" fungiert. Die „Zerreißung der Fotografie des Autors"[31] wiederholt das gescheiterte Experiment mit der einstigen Schwellenfigur Hamlet in der Gegenwart Geschichte zu machen. Die Geschichte selbst verfügt in diesem Stück über kein handlungsfähiges Subjekt. Die Figuren, die in einer früheren Epoche, nach eigenen Intentionen Politik gestaltet hatten, sind durch die Maschine substituiert worden. Nicht zufällig begegnen im parallel entstandenen Theaterstück, das die Perversion einer instrumentierten Aufklärung darstellt, „Leben Gundlings Friedrich von Preußen Lessings Schlaf Traum Schrei. Ein Greuelmärchen" (1977) die Lessings Gestalten Nathan und Emilia Galotti auf einem Autofriedhof in Dakota einem Roboter, dem letzten Präsidenten der USA.

In der Folgezeit bis 1989 entstehen bei Müller Texte, die immer weniger als Dialoge fungieren und einer konturierten Figur zuzuschreiben wären. Selbst in den letzten DDR-Texten „Wolokolamsker Chaussee I-V" (1986–1989), die in der Ära Gorbatschow die letzten Residuen der Hoffnungen zu mobilisieren suchten, waren die dramatischen Agierenden gestaltlos und nur von den Inszenierungen mit einem Gesicht auszustatten gewesen. Die Handlung entsprach ebenso provokativ dem allgemeinen Stillstand und der Stagnation in der realsozialistischen Welt. In ihr dominierten Erinnerungskonstrukte, die das „Eigentliche" längst hinter sich hatten.

Die zermürbende Arbeit an der Formulierung, das Feilschen um die Druckgenehmigung, der Kampf um Öffentlichkeit und gegen die Aufführungs- und Publikationsverbote, der sich in den Autobiographien und Arbeitsbüchern Müllers und Brauns wiederlesen lässt, illustriert die Agonie der letzten 20 Jahre eindringlich. Wie Müller im Gespräch mit Jan Hoet ausführte, gibt es eine interessante Bindung von Kunst an diktatorische Gesellschaftsstrukturen:

> „Wichtig ist, daß die Kunst immer mit dem Unmöglichen zu tun hat und das Unmögliche will und das Unmögliche versucht. Und Politik muß mit dem Möglichen rechnen, deswegen ist das eigentlich der größte Gegensatz. **Kunst sollte immer eine Störung sein von Politik, von Verfestigung,** und manchmal geht das einfach durch einen Witz, durch eine Provokation." (Hervorhebung, HCS.)[32]

---

31   Müller 2001a, S. 552.
32   Müller 2008, S. 166.

Literaturverzeichnis

Autorenkollektiv 1972 – Autorenkollektiv unter der Leitung von Werner Mitten-zwei: Theater in der Zeitenwende. Zur Geschichte des Dramas und des Theaters in der DDR 1945–1968. Berlin.

Braun 1996 – Braun, Matthias: Drama um eine Komödie. Das Ensemble von SED und Staatssicherheit, FDJ und Ministerium für Kultur gegen Heiner Müllers „Die Umsiedlerin oder Das Leben auf dem Lande" im Oktober 1961. Berlin.

Brecht 1930 – Brecht, Bertolt: Versuche 1–3. Berlin.

Brecht 1988 – Brecht, Bertolt: An die Nachgeborenen. In: Ders.: Werke Bd.12: Gedichte 2. Berlin.

Brecht 1988a – Brecht, Bertolt: Lesebuch für Städtebewohner 8. In: Ders.: Werke Bd. 11: Gedichte 1. Berlin.

Brecht 1992 – Brecht, Bertolt: »Über Stoffe und Form« In: Ders.: Werke, Bd. 21, Schriften 1, Große kommentierte Berliner und Frankfurter Ausgabe, Hrsg. Werner Hecht, Jan Knopf, Werner Mittenzwei und Klaus-Detlef Müller, Berlin/ Frankfurt/M.

Brecht 1998 – Brecht, Bertolt: Die Maßnahme. Zwei Fassungen. Frankfurt/M.

Derrida 1995 – Derrida, Jacques: Marx' Gespenster. Frankfurt/M.

Gansel/ Ächtler 2013 – Gansel, Carsten und Ächtler, Norman (Hrsg.): Das ‚Prin-zip Störung' in den Geistes- und Sozialwissenschaften. Berlin/Boston.

Grümmer 1963 – Grümmer, Hans: Unser Theater auf parteilichem Kurs. In: The-ater der Zeit, H 5.

Havemann 1964 – Dialektik ohne Dogma? Naturwissenschaft und Weltanschau-ung. Reinbek.

Hecht 1997 – Hecht, Werner: Brecht-Chronik1898–1956, Frankfurt/ M.

Heise 1975 – Heise, Wolfgang: Diskussionsbeitrag zum Dialog der Theaterleute mit Philosophen, Politikern und Naturwissenschaftlern. Brecht-Dialog 1968. In: Material zum Theater , 59.

Klaus 1966 – Klaus, Georg: Kybernetik und Erkenntnistheorie. Berlin.

Klaus 1968 – Klaus, Georg: Spieltheorie in philosophischer Sicht. Berlin.

Klein 2003/2010 – Klein Wolfgang: Art. „Realismus/realistisch". In: Ästhetische Grundbegriffe. Historisches Wörterbuch in sieben Bänden. Bd. 5. Hrsg.: Karl-heinz Barck, Martin Fontius, Dieter Schlenstedt, Burkhart Steinwachs, Fried-rich Wolfzettel. Stuttgart/ Weimar.

Mittenzwei 1986 – Mittenzwei, Werner: Das Leben des Bertolt Brecht oder Der Umgang mit den Welträtseln. Berlin und Weimar. 2 Bd.

Müller 1972 – Müller, Heiner: Ein Diskussionsbeitrag. In: Theater der Zeit, H. 10.

Müller 1990 – Müller, Heiner: Ein Gespenst verlässt Europa. Köln.

Müller 1994 – Müller, Heiner: Krieg ohne Schlacht. Leben in zwei Diktaturen. Köln.

Müller 1994a – Müller, Heiner: Was wird aus dem größeren Deutschland? Ein Gespräch mit.

Alexander Weigel. In: Ders: Gesammelte Irrtümer 3. Frankfurt/M.

Müller 2001 – Müller, Heiner: Horizonte. In.: Ders.: Werke Bd. 4. Die Stücke 2. Frankfurt/M.

Müller 2001a – Müller, Heiner: Hamletmaschine. In.: Ders.: Werke Bd. 4. Die Stücke 2. Frankfurt/M.

Müller 2001b – Müller, Heiner: Traktor. In: Müller, Werke 4. Die Stücke 2. Frankfurt/M.

Müller 2005 – Müller, Heiner: Verabschiedung vom Lehrstück. In: Ders.: Werke 8. Schriften. Frankfurt/M.

Müller 2008 – Blick in die Produktion – Heiner Müller im Gespräch mit Adolf Stock und Jan Hoet. In: Ders.: Werke 12. Gespräche 3. Frankfurt/M.

Müller 2008a – Geist, Macht, Kastration. Heiner Müller im Gespräch mit Alexander Kluge. In: Müller, Heiner. Werke 12. Gespräche 3. Frankfurt/M.

Raddatz 2010 – Raddatz, Frank: Der Demetrius-Plan oder Wie sich Heiner Müller den Brechtthron erschlich. Berlin.

Schumacher 2006 – Schumacher, Ernst: Mein Brecht – Erinnerungen 1943 bis 1956. Berlin.

Stillmark 2010 – Stillmark, Hans-Christian: Art.: „Theater". In: Metzler Lexikon DDR-Literatur. Autoren – Institutionen – Debatten. Hrsg. Michael Opitz und Michael Hofmann. Stuttgart/ Weimar.

Julia Diestelhorst (Mainz)

Reaktionen auf Geschichte: Geschichtsraum im Theater von Lothar Trolle – gezeigt am Beispiel von *Das Dreivierteljahr des David Rubinowicz*

In seiner Studie „Geschichte aufführen" zeigt der Theaterwissenschaftler Freddie Rokem, welche Bedeutung das Theater als Zeuge der Geschichte einnimmt und widerspricht dem aristotelischen Grundsatz, dass Dichtung von Geschichte genau zu unterscheiden sei. Für Aristoteles nahm die Dichtung einen höheren Rang als die Geschichtsschreibung ein, bewege sie sich doch im Bereich des Möglichen und des Universellen, während sich die Geschichtsschreibung allein an Fakten orientiere. Rokem resümiert, dass diese Unterscheidung zwar für das griechische Theater, welches sich auf mythische Narrative gründete, noch äußerst nachvollziehbar sei, bezogen auf die vielfältigen Beziehungen zwischen Theater und Geschichte seit der Entwicklung des Modernen Theaters aber einer Revision bedarf.[1] Wie der Titel seiner Studie schon vorwegnimmt, stehen Geschichte und Theater in einem sehr spannungsreichen, dialektischen Verhältnis zueinander: Auf der einen Seite bedient sich die Geschichtsschreibung ästhetischer Mittel, um die historischen Fakten in eine narrative Form zu bringen. Diese Narrationen und Formen der Geschichtsschreibung wiederum fließen in die künstlerische Bearbeitung historischer Ereignisse auf der Bühne ein und können auch als Reaktion auf Geschichte bewertet werden.

Aus dieser Ausdifferenzierung zwischen Theater und Geschichte ergeben sich mehrere Konsequenzen, die für die Analyse von Aufführungen und Stücken bedeutsam sind. Zunächst wird dadurch die gesellschaftliche Dimension, die das Theater bei der Darstellung von Geschichte einnimmt, betont. Die Theateraufführungen werden als aktiver Teil innerhalb eines gesellschaftlichen Diskurses wahrgenommen und ihre Rolle bei der Hervorbringung von kollektiven Identitäten herausgestellt. Bezogen auf nationale Identitäten, sei zu zeigen, wie Theater auf das geschichtliche Erbe eines Staates reagiert, entweder, indem es bereits bestehende Narrative bestärkt, zunehmend jedoch, indem es diese befragt.[2] Unabhängig davon, auf welche Weise das Theater innerhalb dieser Diskurse

---

1 Siehe Rokem 2012, S. 34.
2 Siehe Rokem 2012, S. 25.

agiert – ob unterstützend oder angreifend, komme dieser künstlerischen Form eine spezifische Aufgabe zu, die Rokem folgendermaßen beschreibt:

> „Was im direkten Verhandeln der historischen Vergangenheit als dem Theater eigentümlich angesehen werden kann, ist sein Vermögen, ein Bewusstsein zu schaffen für die komplexe Wechselwirkung zwischen einerseits der Zerstörungskraft und dem Scheitern der Geschichte und andererseits den Anstrengungen, eine brauchbare und aussagekräftige künstlerische Arbeit hervorzubringen, die diese schmerzlichen Momente des Scheiterns zu konfrontieren versucht."[3]

Diese schmerzlichen Momente der Geschichte werden zu Rokems vorrangigem Untersuchungsgegenstand. Anhand von Theateraufführungen, die nach dem Zweiten Weltkrieg entstanden sind und die die beiden prägendsten historischen Ereignisse der Neuzeit behandeln – die Shoah und die Französischen Revolution – versucht Rokem das ambivalente Verhältnis von Geschichte und Theater in seiner Vielfältigkeit herauszustellen und zeigt auf, über welche schöpferischen Energien das Theater verfügt, um auf tiefgreifende, traumatische und identitätsbestimmende Erfahrungen zu reagieren.

In meinen Überlegungen zum Erinnerungsraum im Theater von Lothar Trolle werde ich Rokems Thesen zur Dialektik von Geschichte und Theater aufgreifen und einige seiner Erkenntnisse zu Darstellungsformen der Shoah in Beziehung zu Trolles Dramatik setzen. Im Mittelpunkt meiner Überlegungen steht das zur Wendezeit 1989/90 entstandene Stück „Das Dreivierteljahr des David Rubinowicz oder Requiem auf einen Jungen, der nicht Rad fahren lernte". Das Theaterstück kam 1991 im jüdischen Gemeindezentrum der Stadt Frankfurt (Main) in der Regie von Peter Eschberg (damaliger Intendant des Frankfurter Schauspiels) zur Uraufführung. Ursprünglich ist es als Kinderhörspiel konzipiert und wurde ebenfalls 1991 in der Regie von Karlheinz Liefers im Deutschlandradio Kultur gesendet. Wie der Titel schon andeutet, basiert es auf dem in Deutschland weitgehend unbekannten Tagebuch des jüdisch-polnischen Jungen David Rubinowicz. Neben zahlreichen Auszügen aus diesem Zeugenbericht, verwendet Trolle eine Reihe von Intertexten, die dem jüdisch-polnischen Kulturerbe entstammen und auf die weit zurückreichende Geschichte des Judentums in Polen verweisen. Diese Referenzen auf die kulturellen und religiösen Eigenheiten sind assoziativ in das dokumentarische Material eingebunden und verbinden die individuelle Geschichte des Zeugen mit dem ihm zugehörigen, kollektiven religiösen und kulturellen Gedächtnis. Durch dieses Vorgehen stellt der Autor die Identität von David Rubinowicz in einen größeren historischen Kontext, charakterisiert die Orte seiner Heimat und betont,

---

3 Rokem 2012, S. 25f.

dass mit dem Völkermord auch die Geschichte der weit zurückreichenden jüdischen Kultur im polnischen Galizien endete. Bevor ich auf diesen vielschichtigen
Erinnerungsraum weiter eingehe und zeige, welche Strategien Trolle anwendet,
um diesen Zeugenbericht eines Opfers darzustellen bzw. an diesen zu erinnern,
sollen ein paar Fakten zu dem Tagebuch gegeben werden.

Das Heft wurde 1957 in der polnischen Kleinstadt Bodzentyn gefunden. 1960
erschien die deutsche Übersetzung in der BRD sowie der DDR. Die Rezeption
des Tagebuchs war in beiden deutschen Staaten verhalten, eine erneuerte Auflage
erschien erst in den 1980er Jahren. Es lässt sich darüber spekulieren, welche Faktoren zu dieser schlechten Rezeptionslage geführt haben. Aus deutscher Perspektive
erscheint besonders schmerzlich, dass dieses Dokument sehr direkt und nah an
den Austragungsort der Shoah führt und sehr plastisch die deutsche Schuld in
diesem besetzten Land spiegelt. Der zwölfjährige David beginnt seine Schilde-
rungen im Winter 1940, nur wenige Monate nach dem Überfall auf Polen. Zu
diesem Zeitpunkt griffen bereits die Gesetze, die von der neuen Zivilverwaltung
im Generalgouvernement erlassen worden waren und die alles darauf ausgerich-
teten, die Menschen jüdischen Glaubens systematisch aus dem (verbleibenden)
wirtschaftlichen und gesellschaftlichen Leben auszuschließen. Jüdischen Kindern
war fortan der Schulbesuch verboten. David nutzt sein Schulheft nun als Tagebuch
und dokumentiert über zwei Jahre in immer kürzer werdenden Abständen, wie er
und seine Familie den Naziterror erfahren, aus dem Heimatdorf Krajno vertrieben
und im Getto Bodzentyn angesiedelt werden, wo sie versuchen zu überleben.
Im Sommer 1942 brechen seine Aufzeichnungen unvermittelt ab. Sein Todestag
kann durch die überlieferten Dokumente, die Informationen zu der Auflösung des
Gettos und den Zugfahrzeiten geben, ungefähr bestimmt werden. Wahrscheinlich
wurde David und seine Familie am 21. September 1942 in das Vernichtungslager
Treblinka transportiert und noch am selben Tag ermordet.[4]

Wie reagiert Trolle in seiner künstlerischen Arbeit auf diese Verstrickung
deutscher, jüdischer und polnischer Vergangenheit? Welche Strategien findet
der Autor, um aus der problematischen deutschen Täter-Perspektive an dieses
Opfer zu erinnern? Da das Stück – wie viele der künstlerischen Darstellungen
der Shoah auf einem Zeugnis basiert, muss sich der Autor zunächst mit der
Frage konfrontieren, auf welche Weise er diese Zeugenschaft inszeniert bzw.
welche Wirkung dieser Zeugenbericht hervorruft. Er muss sich damit auseinandersetzen, dass das Identifikationspotential mit dem Opfer sehr hoch ist.
Bei der Lektüre wird der Leser ganz und gar für diesen Jungen und dessen

---

4   Siehe Rubinowicz 1961, S. 119.

Schicksal eingenommen. Die Position des heutigen Lesers gibt ihm einen großen Wissensvorsprung, im Gegensatz zu dem Zeugen, weiß er bereits, dass David in Treblinka ermordet werden wird und seine Eintragungen, die unterschwellig von einer Hoffnung auf Besserung diktiert sind, unwiderruflich auf seinen Tod in der nationalsozialistischen Mordmaschine hinsteuern. Hinsichtlich der Lesewirkung ist dieser Vorschuss an Wissen als moralisch bedenklich zu beurteilen. Wie es Theodor Adorno in seinem berühmten Diktum feststellte, läuft auch diese Lektüre Gefahr, voyeuristische, spannungsvolle Züge anzunehmen und die Geschichte des Opfers zu einer Unterhaltungs-Geschichte werden zu lassen. Eine Geschichte, die im Nachhinein in eine narrative Logik gesetzt, auf einen End-Punkt hinläuft und in der der Zeuge zur Romanfigur degradiert wird. Einer solchen narrativen Struktur, die eine voyeuristische Wirkung erzeugt, sucht Trolle in seiner Bearbeitung des Zeugnisses zu vermeiden. Er verwendet verschiedene Methoden, um die Einfühlung mit diesem Jungen zu unterbrechen und Effekte der Verfremdung zu erzielen. Diese unterschiedlichen Methoden sollen im Folgenden am Beispiel der Hörspielfassung, welche in der Werkausgabe abgedruckt ist, dargelegt werden.

Als erstes Mittel setzt er den Zeugenbericht in eine erneute Zeugensituation: Trolle schaltet zwischen dem Rezipienten und Zeugen eine weitere Fiktionsebene und stellt dem eigentlichen Hörspiel eine Szene voran, in der ein Junge in seinem Kinderzimmer sitzt und aus seinem Radio das Hörspiel über David wahrnimmt. Diese Methode des Hörspiels im Hörspiel bestärkt die Illusionsbrechung und betont den zeitlichen Abstand zwischen dem historischen Ereignis und der Jetztzeit. Zudem wird der fingierte Junge nicht direkt mit der Leidensgeschichte konfrontiert, sondern ein Chor schaltet sich dazwischen. Dieser Chor übernimmt die Rolle des fiktiven Erzählers, der zwischen dem fingierten Jungen, dem Zeugen und dem realen Leser vermittelt. Sprunghaft wechselt er zwischen den verschiedenen Kommunikationssystemen, wird zum Moderator der Geschichte, der dem Zeugen souffliert, seine Handlungen ankündigt oder ihn auffordert bestimmte Ausschnitte aus seinem Zeugnis wiederzugeben. In Tradition des Chores der griechischen Antike verfügt er über einen hohen Grad an Wissen über den Zeugen, ist über dessen Schicksal und den Geschichtsverlauf genau informiert. Doch aufgrund seines hohen Geschichtsbewusstseins hat sich dieser Chor eine geradezu zynische Haltung angewöhnt. Immer wieder unterbricht er Davids Zeugenbericht, wendet sich an einen fingierten Hörer und mahnt, in einem anmaßend höhnischen Tonfall, den tatsächlichen Verlauf der Geschichte an. Auch gibt er Informationen über die ambivalente Verbundenheit des Zeugen zur polnischen Heimat und liefert Beispiele von Diskriminierung und Antisemitismus. Durch diese Rückblicke,

Einschübe und Kommentare des Chores wird das historische Zeugnis kontinuierlich fragmentarisiert.

Die Distanzierung von dem Zeugen setzt sich in der Bearbeitung des vorgegebenen Sprachmaterials fort. Trolle ästhetisiert das historische Dokument, in dem er es frei nach den Maßgaben eines Requiems formt. Durch den erläuternden Zusatz im Titel *Requiem für einen Jungen, der nicht Rad fahren lernte* wird diese Bedeutung des Stückes schon im Vorfeld der Lektüre festgelegt. Der Bezug zur kirchlichen Liturgie ist recht frei, er äußert sich weniger in einer strukturellen Analogie, denn in einer funktionalen Referenz. Den Leitgedanken des Requiems, der in der Bitte um ewige Ruhe und Erlösung der toten Seelen besteht (Requiem aeternam dona eis Domine), wird in dem Stück aufgegriffen und die Unmöglichkeit einer Erlösung künstlerisch diskutiert. Mit dieser Absicht bewegt sich das Stück in der Tradition künstlerischer Arbeiten, die im 20. Jahrhundert angesichts des Schreckens der beiden Weltkriege entstanden sind und für die nicht beerdigten Toten Mahn- und Gedenkräume herstellen wollen. Das Theater wird in diesem Kontext zum Austragungsort eines Trauerprozesses. Ihm kommt die Aufgabe zu, einen transitiven Gedenkort für die Opfer, die über keine materiellen Gräber verfügen, herzustellen. In Trolles Text ist die vorrangige Aufgabe, einen imaginären Ort für das Gedenken an diesen Zeugen der Shoah zu schaffen. Im Gegensatz zum traditionellen Requiem, das Erlösung nach dem Tod verspricht, wird in dem Stück keine Erlösungsformel konstruiert. Der thematische Schwerpunkt liegt auf der Darstellung der Allgegenwart des Todes, oder besser – der Einkehr der Todesangst in den Alltag. In einer Schlüsselszene des Stückes beobachtet David von einem Feld aus, wie deutsche Soldaten einen bereits verwesten Leichnam ausgraben und abtransportieren. Trolles Chor steigert sein Entsetzen, indem er ihm zuflüstert:

> „Nun guck hin, David, wie die mit ihren Toten umgehen! Graben einen aus der Erde aus, doch das scheint ihnen nicht viel auszumachen, warum stecken sie sich jetzt eine Zigarette an und brechen in schallendes Gelächter aus."[5]

Der Tod, so wird in dieser Szenen deutlich, ist im Zuge des Kriegsgeschehens entmythologisiert; seine Bedeutung ist nicht mehr an einem heiligen Ort aufgehoben. Dem Raum, in dem die Leiche bestattet ist, wird die Bedeutung des Sakralen entzogen. Diese Einsicht spiegelt sich in dem Entsetzen Davids wieder und kommt auch in der Warnung des Chores zum Ausdruck. Die Mahnung des Chores ist doppelt ausgerichtet, vordergründig richtet sie sich innerhalb des internen Kommunikationssystems an den Zeugen David. Doch scheint diese Mahnung über dieses Kommunikationssystem hinauszuweisen, nicht nur an den bereits

---

5   Trolle 2007, S. 307.

gestorbenen Zeugen, sondern viel mehr an den Leser dieser Darstellung von Geschichte gerichtet zu sein und kann als allgemeingültige Mahnung vor der Logik
des Krieges interpretiert werden.

Zu diesen beiden Strategien der Verfremdung, dem Spiel und Spiel sowie dem
Bezugsraum Requiem, treten Mittel, die den Zeugenbericht weiter fiktionalisieren
und theatralisieren. Diese Strategien bewirken einerseits eine Annährung und
Einfühlung in die erzählte Welt des Zeugen, andererseits weiten sie diese Welt aus,
so dass er Formen eines unwirklichen Grenzraumes bzw. die Form des Traumes
annimmt. Diese Strategien suchen so der Grenzerfahrung, die mit der ständigen
Todesbedrohung und Erfahrung des Sterbens einherging, in eine ästhetische,
fiktive Form zu übersetzen. Bereits die Einbindung eines überzeitlichen Chores
verweist auf eine metaphysische Ebene. Diese Ebene wird durch die Einführung
fantastischer Figuren weiter verstärkt. Es treten Figuren auf, die einer anderen,
explizit non-realen Welt entstammen, und die Grenze des Realen weit übersteigen.
Besonders die Kräfte der Natur sind durch märchenhafte Wesen, wie das Väter-
chen Frost und der Frau Holle, unterstrichen. Diese Allegorien, die die Kräfte der
Natur verkörpern, welche außerhalb der menschlichen Gewalt stehen, wenden
sich zusätzlich gegen die jüdische Bevölkerung. Indem diese märchenhaften Figuren es unablässig schneien, wehen und wieder schneien lassen, verstärkt sich die
Grausamkeit der äußeren Welt und die Gewaltakte, die die Polizei gegen Davids
Familie ausübt, werden auf unheimliche Weise durch jene fantastischen Kräfte
autorisiert. Durch diese unheimliche Allianz zwischen der weltlichen Gewalt und
den fantastischen Figuren wird das Böse in seiner Allmacht überhöht und die
Ohnmacht des Zeugen überdeutlich betont. Mit dem Eintritt der fantastischen
Figuren in die geschichtlichen Ereignisse werden fundamentale Gefühle des Aus-
geliefertseins und der Verlassenheit transportiert. Diese irrationalen Figurationen
entstehen, so suggeriert es der berichtende Chor, allein in der Wahrnehmung der
Opfer. Sie sind Produkte seiner Vorstellungskraft und somit Teil der präsentierten
Geschichte. Das plötzliche Erscheinen dieser fantastischen Elemente kann mit
Tzvetan Todorov als Anzeichen der Überforderung des Einzelnen angesichts der
Unfassbarkeit der Ereignisse interpretiert werden. Nach Todorov verweise solche
Wahrnehmung von Fantastischem darauf, dass die Regeln der vertrauten Welt
gebrochen und das Individuum mit etwas konfrontiert wird, das in seiner Welt
gemeinhin als unvorstellbar gilt.[6] Rokem macht in seiner Studie auf die paradoxe
Nähe zwischen der Fantastik im Sinne Todorovs und der Darstellung der Shoah
aufmerksam. In allen von ihm analysierten israelischen Theateraufführungen

---

6   Siehe Rokem 2012, S. 68.

beobachtet er, dass Regisseure Elemente des Fantastischen einsetzen, um die Erfahrung der Entgrenzung der eigenen Welt darzustellen:

> „Die fantastischen Elemente werden als Mittel erprobt, um das Problem der Unbegreiflichkeit und der Unmittelbarkeit der Shoah anzusprechen und zu konfrontieren. Ohne Zweifel ist es auch eines der Ziele dieser Aufführungen, zu zeigen, dass, was als zu fantastisch, um wahr zu sein, sich in der Tat ereignet hat."[7]

Das Fantastische zeugt von einer Umkehrung der vertrauten Welt: Plötzlich werden Regeln eingesetzt, die der bis bisherigen Ordnung widersprechen, mehr noch – sich jedem Sinn entziehen. Sie folgen einer fremden Macht, einem fremden Ordnungssystem, dass sich für den Betroffenen nicht erschließen lässt. Diese Umkehrung des Gewohnten ist auch als Leitmotiv in die Dramaturgie eingeflossen. Bei der Transformation von Tagebuch zum Aufführungstext nutzt Trolle das Mittel der Verdichtung. Aus den knapp hundertdreißig Seiten des Tagebuchs filtert er wichtige Momente, Wendepunkte und traumatische Erfahrungen heraus und verdichtet diese zu einem kurzen Stück mit einer Spielzeit von etwa fünfzig Minuten. Davids Tagebuch, das einen Zeitraum von etwa zweieinhalb Jahren umfasst, wurde von Trolle, wie der Titel schon besagt, auf ein Dreivierteljahr verkürzt. Das Stück beginnt im tiefsten Winter und endet im schönsten Sommer. In dieser Dramaturgie tritt Davids Erfahrungswelt als unheilvolle Paradoxie hervor. Die natürliche Ordnung der Jahreszeiten, die Gesetze der Natur, nehmen zynischen Charakter angesichts des grauenhaften Geschichtsverlaufs an: Mit steigenden Temperaturen, die in der normalen Welt Freude und Glücksmomente versprechen, verschlimmert sich seine und die Situation der jüdischen Bevölkerung zusehends. Jeder Monat bedeutet eine Verschlechterung seiner Lebenssituation und neue Schreckensnachrichten. Bei der Bearbeitung des Dokuments kommt es dem Autor nicht auf historische Genauigkeit an, sondern darauf, dass die strukturelle Verunsicherung, die ständig wachsende Angst, also die Grundstimmung und Atmosphäre transportiert wird. Die Wahrhaftigkeit ist wesentlicher als die faktische Genauigkeit. Ein wichtiger Bezugspunkt zwischen den verschiedenen geschichtlichen Epochen bildet die universelle Erfahrung der Jahreszeiten: Die allgemeinmenschlichen Empfindungen von Kälte und Wärme, welche mit den natürlichen Erfahrungen von Winter, Frühling und Sommer einher gehen, werden genutzt, um den Rezipienten auf einer phänomenalen Ebene anzusprechen. Durch diese antithetische Struktur wird der Erfahrungsraum weiter entgrenzt und gezeigt, wie die Grundbedingungen des Menschseins aus den Fugen gehoben werden.

---

7   Rokem 2012, S. 66.

Durch diese dramaturgischen und ästhetischen Mittel verändert Trolle den
Zeugenbericht zu einer Mischung aus Dokumentation, Zeugenschaft und Fiktion.
Es entsteht ein hybrider Geschichtsraum, in dem die Handlung durch Momente
des Fantastischen und des Unbegreiflichen gesteuert werden. In dieser Form der
Erinnerung wird Geschichte nicht als kontinuierliche und kausale Kette von Er-
eignissen erfahren, sondern als netzartiges Gebilde, in dem sprunghaft einzelne
Momente miteinander verbunden werden. In dieser Raumstruktur entsteht ein
Raum der Gleichzeitigkeit, in dem ferne Vergangenheit sich mit der nahen Gegenwart mischt; in diesem Erinnerungsraum ist die Geschichte unabgeschlossen
und wirkt in die Gegenwart hinein.

Die Vernetzung des geschichtlichen Raumes wird schon zu Beginn des Stückes
deutlich. Aus einem Aufnahmestudio wendet sich der Chor an den Hörer und
fordert ihn dazu auf, sich eine bestimmte Situation ganz konkret vorzustellen: Er
oder Sie solle sich jetzt in die Kindheit zurückversetzt fühlen, in eine Alltagssitu-
ation, in der man sich langweilt und mit den Spielsachen um sich herum nichts
mehr anzufangen weiß. In dieser Situation ertönt aus dem Radio im Zimmer
das Hörspiel über David Rubinowicz, das sofort die ganze Aufmerksamkeit des
gelangweilten Kindes einnimmt. So wird Davids Schicksal als mediales Ereignis
präsentiert und dringt in die gut behütete Welt des Kinderzimmers ein. In der
Folge beginnt das eigentliche Requiem auf David und der historische Raum wird
eröffnet. Aus externer Lokalisierung nähert sich der Chor seinem Wohnort, blickt
wie ein Voyeur in die Kammer des Tagebuchschreibers und berichtet, wie der
Junge die ersten geschriebenen Zeilen sich selbst vorliest. Nach diesem ersten Eindruck, wendet der Chor sich um und richtet den Blick auf die andere Straßenseite,
wo man zwischen den Häusern frei liegende Felder sehen kann. Er lässt seinen
Blick wie eine Kamera über die Landschaft schweifen, kartiert diese und nennt
Ortschaften. Um Ortsnamen wie Bodzentyn oder Kielce semantisch aufzuladen,
zitiert er Klassiker der jüdischen Literatur, wie den auf Jiddisch schreibenden
Autor Alejchim und ein schauriges Wiegenlied, das vom Mord an einem jüdischen
Hausierer handelt. Diese kurzen Zitate aus dem jüdischen Kulturerbe reichen aus,
um ein Gefühl für die ambivalente Heimat Davids zu erhalten. Der Leser erhält
den Eindruck einer sehr ländlich geprägten Region, in der die Bedrohung des
Antisemitismus alltäglich ist. Neben der Melancholie sind diese Texte gleichzeitig
von einer starken Gottes-Gläubigkeit durchzogen.

Im Anschluss an die Beschreibung der mentalen Landschaft wendet sich der
Chor wieder Davids Schicksal zu und fordert den Jungen auf, nun selbst zu erzählen, was ihm in der Besatzungszeit widerfahren ist. David beginnt von dem
strengen Winter 1940 zu erzählen, dem Frost und dem Schneetreiben. Er berichtet

von dem Moment als in diesem Winter die Polizei ins Haus stürmte und seiner Familie befahl, sofort hinaus zu gehen und auf der Chaussee Schnee zu schippen. An diesen Tag begann der Terror. Von da an mussten sie jeden Tag in die Kälte hinaus, gegen den Schnee ankämpfen und die Straße für das deutsche Militär freischaufeln. Sein Bericht erzeugt Bilder der anhaltenden Kälte des Winters, der Härte der Arbeit und vor allem, der steten Verunsicherung der Menschen. Am ganzen Körper spürt er die Entrechtung. David wird mit seiner Familie in ständiger Unwissenheit gelassen, die Befehle kommen plötzlich und unverhofft, die Regeln der normalen Welt gelten nicht mehr. Dieser Terror-Erfahrung stellt der Chor die Erfahrung von Rodel- und Winterspaß gegenüber und fingiert Kinder, die sich über den Schnee freuen, Ski und Schlitten fahren. Gehässig wendet sich der Chor an David und fragt:

> „Und du, David,
> hast du zum Skilaufen auch die richtigen Langlaufstiefel,
> die dir wie angegossen passen,
> oder fährst du noch mit den alten Bindungen,
> die ständig von den Schuhen rutschen,
> daß man schon Wutanfälle kriegt, wenn man sie nur sieht.
> (*Reden mit Davids Stimme weiter*)
> Ich kriege bereits Wutanfälle,
> wenn ich nur sehe, was weiß ist
> und ich dabei zufällig an Schnee denken muß,
> aber ist es ein Wunder,
> nach all dem, was ich in diesem Winter durchmachen mußte."[8]

Der Zeuge David sehnt sich danach, dass sich wieder Normalität einstellt. Der Chor höhnt seinem Wunschtraum und lässt ihn weiter berichten, was er nach diesem Winter im Frühjahr erlebte. Sein Bericht wird zu einer blutigen Aufzählung, zu jedem Monat bringt David neue Beispiele von Gewalt, Schrecken und Terror. Ist der Frühling gemeinhin mit dem Gefühl des Aufbruchs und der Hoffnung verbunden, verschlimmert sich seine Lage bei Sonnenschein und unbeschwertem Wetter zusehends. Es kulminiert an dem Tag, als David mit seiner Familie das Heimatdorf verlassen muss und im Getto der nächsten Stadt angesiedelt wird. Der Abschied von dem Zuhause ist eine absolute Steigerung der Entwürdigung der Familie, gegen die sich David mit aller Kraft zu wehren versucht. Trolle lässt seinen Helden verschiedene Strategien gegen die Angst erproben: Lässt ihn Widerstandslieder singen und sich selbst Witze über die bekannten Figuren Itzig und Schlomo erzählen. Auf die Mahnung des Chores, dass gegen sein Schicksal

---

8   Trolle 2007, S. 299.

ihm jeglicher Witz nicht schützen werde, hält er unermüdlich seine Chuzpe, das
heißt seine Gewitztheit und Verschlagenheit entgegen.

Trolle zeigt hier einen Jungen, der stolz auf seine jüdische Identität ist und das
Leben liebt. Zum Ende des Stückes demonstriert er seinen jugendlichen Freiheitswillen und lässt ihn mit dem Rad über die Felder sausen. Diese Fiktion entsteht in
der träumerischen Hitze der Sommermonate und bildet das Äquivalent zu der im
Requiem üblich Erlösungsformel. Trolle versetzt David in ein Galizien, das vom
Krieg und dem nationalsozialistischen Fanatismus unbehelligt blieb. Er fingiert
ein Land, in dem im Jahr 1941 keine Panzer fuhren, keine Flugzeuge dröhnten
und keine deutschen Meldungen aus dem Radio zu hören waren. Der Chor ist
ihm bei diesem Traum behilflich, übt mit dem Jungen das Radfahren und lässt
ihn über die Straßen bis zu dem Wohnort von Baal Schem Tov, dem Begründer
des Chassidismus, fahren. Dieser schöne Traum im herrlichsten Sommer ist in
sich zerrissen, da er ex negativo formuliert ist. In ihm ist unterschwellig schon der
Alp des tatsächlichen Geschichtsverlaufs enthalten. Plötzlich fällt diese Illusion
in sich zusammen und der Chor gibt den letzten Eintrag wieder, der von David
überliefert ist. In diesem berichtet er von einer Exekution einer Mutter und ihrer
Tochter am Waldrand. Zurück bleibt das Bild des Fuhrwerks, das die Leichen
transportierte und voll mit Blut war. Der Eintrag endet mit der Frage „Wer?“. Diese
abgebrochene Frage greift der Chor auf und wendet sich auf sehr eindringliche
Weise direkt an den Leser. Mit offenen Fragen wie „Wer weiß, was noch passierte
am Waldesrand von Bodzentyn?“ oder „Wer weiß, was aus David Rubinowicz
wurde?“ fordert er zum Nachdenken auf, regt er das Vorstellungsvermögen an
und bittet sich jetzt zu konzentrieren.

Mit dieser Aufforderung endet das Stück. Es gibt keine abschließende Lehre,
keine Deutung oder Erklärungsversuch. Diese Leerstelle ist nur konsequent, da
das Requiem einem Zeugen gedenkt, der wie Primo Levi es ausdrückte, als Un-
tergegangener zu den wahren Zeugen der Shoah gehört.[9] Diese Lücke zeigt die
Grenze der Darstellbarkeit auf und fordert gleichzeitig die Imaginationskraft des
Lesers heraus. Trolle muss nicht viel sagen, es reichen in diesem Kontext Signal-
wörter wie das Verb „konzentrieren“, um das kollektive Gedächtnis zu aktivieren
und Bilder von den Vernichtungslagern, von abgezehrten Körpern, Bergen von
Leichen ins Gedächtnis zu rufen.

Insgesamt stehen in dem Stück weniger die direkte Gewalt und Brutalität des
Regimes, sondern die Reaktion auf diese Brutalität und die Gefühle des Opfers im
Zentrum. Trolle versucht andere Erinnerungsbilder zu erzeugen und fragt nach

---

9   Siehe Levi 2002, S. 83 f.

den Alltags-Erfahrungen während der Besatzungszeit. Er baut Gegenbilder zum Schrecken auf, zeigt die Wut und die Sehnsucht nach Normalität. Auch zeugen die Bilder von der jüdischen Identität des Opfers, von seiner Kultur und Heimat. Die Bilder verweisen auf das Gefühl der ständigen Bedrohung, der existentiellen Verunsicherung und vermitteln was es heißt, sich tagtäglich zu disziplinieren, gegen den Freiheitswillen und in Angst zu leben zu müssen. Dadurch dass Davids Situation stets mit der eines heutigen Kindes verglichen wird, stellt Trolle eine Beziehung zwischen Leser und Zeugen her. In dieser Konzeption ist der Moment der Heimsuchung integriert. Bedrohlich drängt sich diese unfassbare Vergangenheit in die behütete Gegenwart.

Die in-sich-gebrochene, zerklüftete Erinnerungsstruktur zeigt, was James Young in seiner Studie über „Nach-Bilder des Holocaust" für diejenigen Künstler beschrieben hat, die den Holocaust nicht direkt, sondern vermittelt erlebt haben. Diese Künstler stellten sich nicht nur dem eigentlichen historischen Ereignis, sondern setzen sich vor allem mit dessen Tradierung und Erinnerungsgeschichte auseinander. Ihre künstlerischen Arbeiten bezeugen weniger das historische Ereignis an sich, sondern die Art und Weise wie sie selbst dieses Ereignis durch die verschiedenen Medien erfahren haben.[10] Speziell für Deutschland bedeutet diese Beobachtung, dass zwischen den beiden deutschen Erfahrungshorizonten unterschieden werden sollte. Bezogen auf den Erfahrungshorizont des ostdeutschen Autors Lothar Trolle lässt sich summieren, dass dieser ein Verfahren anwendet, das vollkommen konträr zu den Erinnerungsdispositiven der DDR steht. Bekanntlich baute die DDR ihr Geschichtsverständnis auf dem Gründungsmythos auf, zu den antifaschistischen Siegern der Geschichte zu gehören. Die Opfer des Faschismus galten dem System als Helden, wobei sich ihr Heldentum in der richtigen politischen Überzeugung spiegelte. Die Glaubenszugehörigkeit oder Ethnie der Opfer fallen aus diesem Erinnerungsdispositiv heraus.[11] Diesem Narrativ widerspricht Trolles Stück vehement, indem es vor allem an die Kulturgeschichte der Opfer erinnert. Zwar gibt es auch Anspielungen an den jüdisch-polnischen Partisanenkampf, doch wird insgesamt der Möglichkeit einer Hoffnungsfigur bzw. jeder Utopie eines Sieges rigoros widersprochen und jegliche Art von Pathos in Zusammenhang mit der Shoah vermieden. Hinsichtlich dieses Widerspruchs gegen die DDR-Ideologie wirkt dieser kurze Theatertext wie der erste Beitrag des ostdeutschen Autors zur deutsch-deutschen Wiedervereinigung. Da es sich auf ein gesamtdeutsches Trauma bezieht, das für die nationale Identität bestimmend

---

10 Siehe Young 2002, S. 10.
11 Siehe Young 1997, S. 115.

ist, trägt es zum Prozess der Vereinigung bei. Es ist einerseits ein Beitrag, der dazu dient das ehemalige Geschichtsbild zu revidieren und andererseits eine Einladung an den Westen nach Osten zu blicken und sich den Austragungsorten der Shoah nach dem Umbruch der politischen Systeme neu zu nähern.

Literaturverzeichnis

Levi 2002 – Levi, Primo: Die Untergegangenen und die Geretteten. Übersetzt von Moshe Kahn. München.

Rokem 2012 – Rokem, Freddie: Geschichte aufführen. Darstellungen der Vergangenheit im Gegenwartstheater. Übersetzt von Matthias Naumann. Berlin. S. 292–314.

Rubinowicz 1960 – Rubinowicz, David: Das Tagebuch des Dawid Rubinowicz. Übersetzt von Stanisław Żyliński. Ostberlin.

Trolle 2007 – Trolle, Lothar: Das Dreivierteljahr des David Rubinowicz oder Requiem auf einen Jungen, der nicht Radfahren lernte. In: Nach der Sintflut. Gesammelte Werke. Hrsg.: Tilman Raabke. Berlin.

Young 1997 – Young, James Edward: Formen der Erinnerns: Gedenkstätten des Holocausts. (Passagen Zeitgeschehen)- Wien.

Young 2002 – Young, James Edward: Nach-Bilder des Holocausts in zeitgenössischer Kunst und Architektur. Hamburg.

Stefan Tigges (Berlin)

„Die leere Bühne. Sieben Stühle. Vielleicht eine Sitzbank. Später ein Tisch."[1] Ausschnitte aus dem Theaterkosmos von Roland Schimmelpfennig

Ein Weg, der in das Wesen der Dichtung führt, ist die Beachtung der Tatsache, dass Andeutung stärker wirkt als Ausführung.[2]

Zu Beginn vier Kostproben, die jeweils ein Stück Schimmelpfennigs eröffnen und eigentlich schon zu einem längeren gedanklichen Aufenthalt einladen: „Wir passen nicht zusammen." *Pause.* „Wir passen nicht zusammen. Das hat sie gesagt" bilanziert der 1. Handwerker Ricky in *Wenn, dann: Was wir tun, wie und warum.*[3]

In *Hier und Jetzt* heißt es in den ersten Regieanweisungen: „Zu Anfang der Szene redet niemand. Es hat einfach niemand etwas zu sagen. Statt dessen: Kauen, Trinken, Schlucken. Das Geräusch des Bestecks auf den Tellern."[4]

Eine gewisse Sprachlosigkeit, Formulierungsunlust oder/und Einsilbigkeit geht auch von den Schauspielern Peter und Frankie aus, die in der Show *Das Reich der Tiere* seit Jahren dazu verdammt sind, einen Löwen sowie ein Zebra zu geben und in der Nachfolgeproduktion *Im Garten der Dinge* eine künstlerische Totalpleite erleiden, indem sie im Schlussbild der Inszenierung vollends als Schauspieler-Subjekte ausradiert und als „ready mades" vergegenständlicht werden: *Peter ebenso perplex wie gereizt, angewidert.* „Das Spiegelei – ein Spiegelei?" *Frankie:* „Spiegelei, – ein Spiegelei." *Pause. Peter fragend, angewidert:* „Oder eine Ketchupflasche?" *Pause. Frankie:* „Ein Spiegelei und eine Flasche Ketchup – ". *Peter:* „Ketchup. Was soll das – Ein Spiegelei und eine Ketchupflasche – *Kurze Pause. Er setzt neu an:* „Ein Toastbrot – *Kurze Pause.* Ein Pfefferstreuer [...]."[5]

---

1 Vgl. die dem Personenverzeichnis unterstellten Regienanweisungen in Roland Schimmelpfennigs Stück *Besuch bei dem Vater.* In: Schimmelpfennig 2007a, S. 8.
2 Vgl. Adolf Frisé (Hrsg.): Robert Musil, Tagebücher. Reinbek 1983, S. 479. Zitiert nach: Bohrer 1994, S. 127.
3 Vgl. Schimmelpfennig 2011, S. 511.
4 Vgl. Schimmelpfennig 2011, S. 323.
5 Vgl. Schimmelpfennig 2007a, S. 91.

Frank schlussfolgert gleich zu Beginn in *Peggy Pickit sieht das Gesicht Gottes*: „Es war eine komplette Katastrophe. Ein absolutes Desaster". *Pause.* „Völliger Wahnsinn."[6]
Vier offenbar ziemlich unterschiedliche Stückeinstiege, die zunächst erstaunen, verstören und eine gewisse Komik entfalten, die im Verlauf der Stücke (und dies gilt auch für das gros der anderen Werke) anwächst, jedoch vom Autor mit unterschiedlichen Strategien permanent tragisch untergraben wird, womit eine eindeutige Genrezuweisung wenig sinnvoll erscheint.

Und als These auf deren Aufführungspraxis bezogen: Szenische Realisierungen stoßen gerade dann ästhetisch an ihre Grenzen, wenn die Regie eine zu eindeutige Lesart zementiert, dabei die unter der Oberfläche subtil verzweigten Komik-Tragik-Relationen unzureichend wahrnimmt und verkennt, dass in Schimmelpfennigs phantastisch-magischen, wiederholt auch auf Märchen- sowie Fabelwelten verweisenden Texten immer auch kleinere oder größere Katastrophen lauern.

Anders formuliert: Inszenierungen von Schimmelpfennig-Stücken drohen gerade dann ästhetisch leer zulaufen, wenn in Relation zum wachsenden Komikgrad nicht auch die Dimension des tragischen Bewusstseins auf der Bühne ansteigt und sich beide Ebenen nicht genügend durchdringen.

Berücksichtigt man Schimmelpfennigs Formbewusstsein und ausgeprägtes theaterphänomenologisches Interesse, die spezifische Vielstimmigkeit und Perspektivvielfalt, die stückimmanente Musikalität sowie dessen *Technik des Aussparens*, das verdichtete Zusammenspiel von Zeit und Raum als auch die vom Autor im Text vorchoreographierten und vorreflektierten szenischen Prozesse und Verwandlungsspielräume, wird deutlich, in welcher Weise der Autor die Schauspieler, die Regie und Ausstattung künstlerisch herausfordert.

Eine szenische Herausforderung, die einen Vergleich mit Cechov und Shakespeare nicht scheuen muss, wobei Schimmelpfennig wiederholt bruchstückartig auf beide Autoren verweist, mit ihnen kommuniziert oder zwischen ihnen, d. h. auch über die von ihm wahrgenommenen Gosch-Inszenierungen, spielerisch-reflexiv vermittelt. Rückblickend erscheint in diesem Sinne auch die zwischen 2001 und 2009 gewachsene Arbeitsbeziehung zwischen Schimmelpfennig, Gosch und Schütz, die wie eine zunehmend konsequenter ausgerichtete Theatergrundlagenforschung anmutet, folgenreich.

Ausgehend davon, dass hier, aber auch in den gemeinsam mit Johannes Schütz realisierten Arbeiten nach Goschs Tod, elementare gegenseitige Befruchtungsmomente in Form von Vereinfachungs- und Radikalisierungsschritten

---

6   Vgl. Schimmelpfennig 2011, S. 387.

entstanden, möchte ich einige Grundmerkmale skizzieren, welche die Theatertexte und Theaterarbeit Schimmelpfennigs in ein schärferes Licht rücken.

Interessant ist also genauer zu verfolgen, wie der Autor – und hier kommt ihm sein Regiehintergrund noch zur Hilfe – einerseits Gosch und Schütz mit seinen Spielvorlagen zu avancierten szenischen Lösungen motivierte und wie Schimmelpfennig andererseits die aus den szenischen Versuchsanordnungen von Gosch/Schütz gewonnenen Seherfahrungen wiederum in seine z.T. wie Proben- oder Skizzenräume erscheinenden Texte über-setzt, über Theatralität bzw. Fragen der Verkörperung/Darstellbarkeit und die Zeit- und Raumgebundenheit von Bühnenprozessen nachdenkt.[7] Dabei führt der Autor in seinen Texten eine Art Vor- oder Erst-Regie, die schließlich die Schauspieler als auch das Publikum zu einer Co-Regie/Mit-Autorschaft und einem „Theater der Vorstellungskraft"[8] bzw. zu „Ergänzungsenergien"[9] bewegt und speziell einen Aspekt fokusiert: die Konstellation von Spielen und Erzählen sowie von Vorspielen und Vorstellen, deren bewusst transparent gestalteter künstlich-künstlerischer Zusammenhang im Zentrum der Aufmerksamkeit steht – und wie sich noch zeigen soll, auch einen Entfaltungs(zwischen)raum für Spielarten des Komischen und Magischen bildet.

Zur Grundierung zwei Positionen Schimmelpfennigs:

> „Mich interessiert die Reduktion, die Verdichtung – oder auch die Auslassung, die Verweigerung bestimmter Details. Die Reduktion lässt den Zuschauer bestimmte Teile selbst zusammensetzen, entdecken abwägen. […] Das ist ein dialogischer Umgang mit dem Zuschauer. Es geht darum, die Geschichte so zu erzählen, dass man dem Zuschauer die Chance lässt, das Geschehen abzugleichen, zu überprüfen. Ich mag Theater als offenes System."[10]

Und:

> „Theater ist eine direkte Kunstform. Theater ist eine Kunst, die sich bei ihrer Herstellung durch Schauspieler zusehen lässt. Spielen und Geschichte gehören untrennbar zusammen. Etwas Schöneres gibt es für mich nicht – solange das Theater nicht anfängt, mir etwas vorzumachen."[11]

---

7   Vgl. dazu auch meine früheren Überlegungen, Tigges 2012a.
8   Roland Schimmelpfennig formuliert in seiner Laudatio für Jürgen Gosch und Johannes Schütz anlässlich des Theaterpreises Berlin der Stiftung Preußische Seehandlung am 3. Mai 2009 im Deutschen Theater Berlin: „Alles ist spielbar, solange es im Text steht. Das Theater von Jürgen Gosch und Johannes Schütz ist ein Theater auf der Suche nach der vollkommenen Freiheit. Es ist ein Theater der Vorstellungskraft." Vgl. Theater heute, 06/2009, S. 36–39, hier: S. 36.
9   Vgl. Schütz 2008, S. 15.
10 Vgl. Schimmelpfennig 2007b, S. 242.
11 Vgl. Schimmelpfennig 2009, S. 316.

Hier und Jetzt

In *Hier und Jetzt* (UA Zürich 2008), das wie eine polyphone Zeit-Raum-Variation erscheint, in der der Autor wie in *Idomeneus* immer wieder neue Erzähloptionen entwickelt und verschiedene Zeit-Räume öffnet, jedoch noch stärker an seinen dramatis peronae festhält, sitzt eine elfköpfige Hochzeitsgesellschaft für einen langen Sommerabend, der gleich vier Jahreszeiten umfasst, unweit eines (vielleicht auf Čechov verweisenden) Sees an einem langen Tisch, der unter „freiem" Himmel steht. Es wird viel gegessen und, wie so oft bei Schimmelpfennig, noch mehr getrunken (*Ambrosia, Calypso, Peggy Pickit sieht das Gesicht Gottes*), immer wieder gesungen und musiziert und – so der dramaturgische Kunstgriff – die Vorgeschichte und Zukunft des Hochzeitspaares (die fremdgehende zukünftige bzw. Ex-Braut) gleich miterzählt wobei Schimmelpfennig die Handlung ausdünnt, die Dialoge mit gestörten, z.t. čechovschen Kommunikationsmustern sowie sprunghaften Erzählperspektiven aufbricht und die Gegenwart in Form von Momentaufnahmen unendlich dehnt bis sie so rein ist, dass sich in ihr das *Vorher/Nachher* (so auch der Titel eines älteren Stücks von Schimmelpfennig) jeweils bricht, auslöscht, d. h. vergegenwärtigt.[12]

Die Zeit/Zeitlichkeit wird von Schimmelpfennig auch mittels der vielsagenden wortkargen Figur „Die Frau mit dem Kinderwagen" thematisiert, die wie Čechovs Marina in *Onkel Wanja* strickend die Zeit vermisst, am Ende ihre Jacke fertig gestellt hat und somit die Zeit des Textes mit der Zeit der Aufführung kurzschließt.

Andererseits wirft die „Die Frau mit dem Kinderwagen" einen tragischen Schatten auf die ungelöste Kinderfrage von Katja und Georg: Wollen Katja und Georg (k)ein Kind? Bleibt der Kinderwunsch unerfüllt? Ist Katja vielleicht doch schwanger? Von Georg oder seinem Nebenbuhler Martin? Zugleich bricht sie aber auch das potentielle tragische Bewusstsein, indem sie immer wieder das unsichtbare, ihr nicht antwortende Kind anspricht und damit auch die z.T. komischen Kommunikationsakte der anderen Figuren kommentiert oder gerade begonnene Konversationen im Keime erstickt: „Na? Na, was sagst du?"

Der gehörnte Ehemann, der zwischenzeitlich Regenwürmer schluckt, mit seinem Horn Schneckenhäuser aufbricht, um diese dann auszusaugen und kläglich versucht seinem Horn Töne zu entlocken, die wie Schmerzensschreie klingen, zieht seine persönliche Bilanz im Gegensatz zu Ricky aus *Wenn, dann: Was wir tun, wie und warum* erst gegen Ende des Textes, wobei hier nochmals die aufgerufenen Zeit-Räume aus- bzw. ineinander fallen und sich für das Publikum als *offene Zwischenräume der Vorstellungskraft* öffnen, in denen sich das potentielle

---

12 Vgl. hierzu auch: Tigges: 2011.

Drama entfaltet. Somit bleiben dessen komisch-tragische Konsequenzen für alle
Beteiligten individuell verhandelbar und in der Schwebe. Georg: „Warum es nicht
geklappt hat. Was ich nicht wusste, und was ich jetzt weiß. Was ich hätte früher
wissen müssen. Was ich besser nie gewusst hätte. Was ich nicht weiß. Was ich nie
erfahren werde. Was ich nie begriffen habe, und was ich nicht begreifen werde."[13]
   Ein von Schimmelpfennig wiederholt eingesetztes klassisches Stilmittel, das das
Publikum aus dem binnenfiktionalen Erzählkontext reißt, für szenische Fragen
sensibilisiert und unterstreicht, wie wichtig ihm das Zusammenspiel von Erzählen
und Spielen ist, stellen Repliken dar, die einen Raum zwischen Figur, Schauspieler
und Zuschauer öffnen. So äußert Tilo: „Das hast du doch schon erzählt", worauf Ilse zeitversetzt antwortet: „ Das macht doch nichts, dass wir die Geschichte
schon kennen, das macht doch nichts." Und wieder Ilse nach einer kurzen Ge-
dankenpause: „Im Gegenteil! Umso besser! Das ist doch das Schöne! Dafür sind
Geschichten doch da – dass man sie wieder und wieder erzählt und dass man sie
wieder und wieder hört."[14] In *Idomeneus*(Deutsches Theater Berlin 2009), wo
die Fabel- bzw. hier eher die Mythensplitter noch offener vom Autor verhandelt
werden und narrative Variationsmuster bzw. Wiederholungsvariationen erneut
eine prägende Rolle spielen, können die ihre Handlungsoptionen befragenden
Sprecher gar in die Rolle von Dramaturgen schlüpfen. So heißt es gleich zwei Mal
im Text: „So kommt das Gespräch nicht in Gang."[15]

Das Reich der Tiere

In *Das Reich der Tiere* (UA Deutsches Theater Berlin 2007) äußert der Schauspieler Peter dagegen: „Das glaubt doch keiner" und spielt damit auf eine interne
Umbesetzungsproblematik an, die aber auch den gesamten Spielkontext betrifft
und an das Publikum gerichtet ist. Da Frankie mittlerweile aus der Produktion
ausgestiegen ist, um in Amerika sein Gesicht für einen Werbespot zu verkaufen
und damit, so die Pointe, als Künstler endlich sichtbar wird, wird die Rolle des
Zebras nicht neu besetzt. Dies hat zur Folge, dass der Löwe wegen des Steppen-
brandes nun auf dem Rücken des Marabu (Dirk) über den Fluss getragen werden
soll, der wiederum auch das Krokodil spielt, das vom Löwen (Peter) getötet wird.
   DasReich der Tiere wirkt auf den ersten Blick wie eine eher konventionelle Back-Stage-Comedy, deren Komik und Doppelbödigkeit allzu schnell zu

---

13 Vgl. Schimmelpfennig 2011, S. 383.
14 Ebd., S. 343.
15 Vgl. Roland Schimmelpfennig: Idomeneus. In: Schimmelpfennig 2011, S. 165–166.
    Vgl. dazu auch: Tigges 2012b.

verpuffen droht. Schimmelpfennig knüpft hier an die Musical-Vorlage bzw. Walt Disneys *König der Löwen* an und spiegelt in dem im Reich der Tiere ausgebrochenen Machtkampf den Konkurrenzkampf der an der Produktion beteiligten „Kleindarsteller", deren Entfremdung so weit fortgeschritten ist, dass sie sich gegenseitig in ihrer Verkleidung/Maske nicht mehr wahrnehmen, was soweit führt, dass der Löwendarsteller Peter seine Kollegin Sandra, mit der er vor Jahren ein Kind gezeugt hat, während der Show nur an ihrem „Arsch" erkennt, als sie sich als Antilope am Wasserloch bückt oder andere an der Produktion beteiligte Schauspieler im Theater mit Verwaltungsangehörigen verwechselt werden.

Die Inszenierung bildet für mich aufgrund ihres mitschwingenden szenisches Diskurses, d. h. des Auslotens von Verwandlungsspielräumen und der kritischen Spiegelung der an seine Grenzen stoßenden Repräsentationsästhetik einen der Höhepunkte in der Zusammenarbeit von Schimmelpfennig, Gosch und Schütz.

Das Reich der Tiere, dessen offene szenische experimentelle Realisierung erstaunlicherweise in der Kritik kaum wahrgenommen wurde, ist, so die These, ohne die *Macbeth*-Erfahrungen (Düsseldorf 2005) in dieser Form nicht möglich gewesen.[16] In den Text, so eine darauf aufbauende und noch genauer auszuführende These, fließen möglicherweise aber auch reflexartig weitere Seherfahrungen Schimmelpfennigs ein, die er als Beobachter in von Gosch und Schütz realisierten Shakespeare-Arbeiten sammelte. So z. B. aus *Wie es euch gefällt* (Hannover 2007) – also unmittelbar vor der Uraufführung am Deutschen Theater in Berlin – , in der u. a. von den Schauspielern eine Lammgeburt, ein Sonntagsbraten oder Obstbäume spielerisch dargestellt werden.

Schimmelpfennig stößt hier – wie in kaum einem seiner anderen Stücke – in Form eines extrem situationsgebundenen Meta-Theaters performativitätstheoretische Diskurse an, die zentrale Fragen des Verwandlungsspektrums sowie der Darstellbarkeit berühren und unmittelbar am Körper bzw. auf/mit der Haut der Schauspieler verhandelt werden, von denen wiederum eine extrem raumbildende Funktion, d. h. „leibhafte Räumlichkeit" (Bernhard Waldenfels)[17] ausgeht, die der Autor bereits im Text vormodelliert. Dazu zählen ebenso von Schimmelpfennig im Text vorentworfene Kostüme, die an Johannes Schütz Vorstellungen der „Haut als nichttextiles Kostüm" anschließen und von den Schauspielern mittels verschiedener Materialien (u. a. Farben, Sand, Honig, Federn) auf der Bühne selbst hergestellt, ausprobiert als auch zerstört werden.[18]

---

16 Vgl. dazu auch: Tigges 2009.
17 Vgl. Waldenfels 1999, S. 202.
18 Vgl. Schütz 2008, S. 13.

In einer der auffällig präzisen Regieanweisungen heißt es:

„Zwei Schauspieler in ihrer Garderobe, Peter und Frankie. [...] Beide sind gerade erst hereingekommen, sie tragen noch ihre eigenen Sachen. [...] Sie ziehen sich aus. Jetzt verwandeln sie sich allmählich in Tiere: Sie schminken sich, sie bemalen ihre Körper, sie bekleben sich mit Haaren oder Federn oder Fellstücken. [...] Die beiden folgen einer lang erprobten Folge von bedachten, sicheren Handgriffen. Ihre Bewegungen sind routiniert und verraten doch bei aller Sicherheit so etwas wie Stolz oder Selbstbewusstsein. Die Qualität und Originalität beider (und aller folgenden) Tier-Kostümentwürfe bei gleichzeitiger Einfachheit ist bestechend. [...] Die Szene dauert in jedem Fall so lange wie es dauert, bis sich beide ohne Hilfe von außen in ein Zebra oder einen Löwen verwandelt haben."[19]

Diese (un-)komischen Szenenfolgen, welche die „Eigengesetzlichkeit des Bühnenraums" (Edward Gordon Craig) messerscharf durchleuchten, dauern mit den unmittelbar folgenden Verwandlungen der MitspielerInnen etwa zwanzig Minuten, die spätere Rückverwandlung bzw. Entwandlung in Form des Abduschens kurz vor dem Schlussbild gefühlte zehn Minuten.

Anders formuliert: Bereits unmittelbar zu Beginn des Stückes bzw. der Aufführung wird dem Publikum in *unmaskierter Realzeit* bewusst vorgeführt, dass ihm nichts vorgemacht wird, womit das im Folgenden „behauptete" Spiel eigentlich schon im Vorfeld im Keim erstickt wird. Jedoch motivieren diese *nackten* szenischen Verwandlungsprozesse gerade das Glaubwürdigkeitspotential der Darsteller und ihre weiteren Metamorphosen, da das Spiel von vornherein entlarvt, dies sichtbar gemacht wird und damit erst eine wirkliche Chance zu einem befreiten Ausdruck erhält. Eine zentrale Strategie des Autors, der Regie und der Ausstattung ist dem zur Folge, dafür zu sorgen, dass das Drama, das Spielgeschehen als auch der Bühnenraum nicht möglichst schnell (dramatisch) „funktionieren", sondern sich vor-stellen und Sinn verweigern, um sich dann gegenseitig kunstvoll aufzuladen und miteinander spielerisch in den Dialog zu treten. Damit können sich die Vorstellungsräume der Künstler und des Publikums erst wirklich dann schöpferisch entfalten, wenn beide Seiten ihre ästhetischen Erfahrungen gemacht haben – was von Gosch speziell am Anfang der Inszenierung mittels der *Zeit der Bühne* extrem ausgedehnt wird – und die Spielbedingungen sowie Spielregeln, d. h. zentrale performative Reibungsmomente wahrgenommen haben.[20]

---

19 Vgl. Schimmelpfennig 2007a, S. 91–92.
20 Vgl. dazu: Stefan Tigges, Freiheit durch Verwandlung(en). Eine künstlerische Vision im Rückblick. Roland/erzählerisch Schimmelpfennigs *Das Reich der Tiere* in der Inszenierung von Jürgen Gosch. In: Christopher Balme (Hg.): Forum Modernes Theater, Band 26 [noch nicht erschienen].

Dass es Schimmelpfennig darauf ankommt, die Lächerlichkeit der Tierdarsteller überaus ernst zu nehmen, beweist die folgende Regieanweisung: „[…] Kein Plüsch, keine Lächerlichkeit. Niemand geht oder spielt auf vier Beinen. […]"[21]

Es geht in der Inszenierung also darum, die Schauspieler aus ihren Masken und Kostümen als wieder- bzw. neu erfahrbare Subjekte befreit hervortreten zu lassen und gleichermaßen deren präsenten Leib in seiner phänomenologischen Dichte bzw. Individualität und deren absenten, d. h. unterworfenen und künstlerisch stillgelegten Körper erfahrbar zu machen, d. h. beide Zustände in einem diskursiven Repräsentations- und Präsenzverhältnis spielästhetisch zu justieren. Oder noch einmal mit anderen Worten: Dass die Schauspieler lustvoll ihre Unlust spielen und dabei eine Spielillusion erzeugen, die sie zugleich böse entzaubern, was unglaublich komisch sein kann. In dem sich entfaltenden Text als auch in der Aufführung verstärkt sich nun ein Eindruck, der zentral für Schimmelpfennigs Verständnis des Theaters als „offenes System" ist, auch den feinsinnigen Humor in Goschs Inszenierungen markiert und das Moment des Komischen und Magischen zusammenführt:

Das Komische ist, das die magischsten Momente durchsichtig sind, dabei aber nicht ihre letzten Geheimnisse preisgeben. Ein glasklares Theater der Vorstellungskraft mit ungewöhnlich viel Spielraum.

Zum Schluss eine persönliche künstlerische Vision, die der Autor in seiner Laudatio für Jürgen Gosch und Johannes Schütz skizziert, die sich – mehr als drei Jahre später und in neuer Rollenverteilung – schrittweise zu realisieren scheint und auf das vom Autor selbst inszenierte Stück *Das fliegende Kind* (Akademietheater Wien, 2012) projiziert werden soll:

> „Ich stelle mir ein Stück vor, in dem sich alles die ganze Zeit nur um einen einzigen, sehr langen Moment dreht: So wie in einem Film von Antonioni."[22]

Filmästhetische Einflüsse werden nicht nur in Form von Vor- und Rückblenden in *Die Frau von früher*, sondern auch speziell in *Vorher/Nachher* und in *Auf der Greifswalder Straße* besonders deutlich, wo der Autor das Theater mit einer pointilistischen Breitwanddramaturgie und Short Cuts-Ästhetik mit 51 Bildern sowie 37 Personen bzw. 63 Szenen und etwa 50 Personen inklusive zahlreicher Ortswechsel und Zeitsprünge regelrecht (über-)fordert. Schimmelpfennig choreographiert hier nicht nur kaleidoskopartig eine Vielfalt von sich mehrsträngig ereignenden, scharf geschnittenen Mini-Episoden, sondern hebt – ähnlich wie wohl erstmalig in dieser Konsequenz Robert Altman 1993 in *Short Cuts* – vor

---

21 Ebd., S. 91.
22 Vgl. Roland Schimmelpfennig. In: Theater heute, 06/2009, S. 36–39, hier: S. 37.

allem die konventionelle Trennung von Haupt- und Nebenfiguren auf, um, ganz im Sinne von Jürgen Gosch, seine Protagonisten als Ensemble zu potenzieren.[23]

Das fliegende Kind

Zeigte *Hier und Jetzt*, das bereits programmatisch mit dem Titel auf die unmittelbare Gegenwart verweist, die sich im Moment des Jetzt bündeln und (räumlich) ausdehnen, so kommt Schimmelpfennig mit *Das fliegende Kind* seiner Vision nochmals ein Stück näher.

In dem formstrengen, d.h. wiederauffällig symmetrisch komponierten und wie ein schwarzes Märchen anmutenden Stück thematisiert der Autor über seine permanent anwesenden und *erzählend* handelnden, wiederholt in wechselnden, oftmals chorischen Konstellationen sprechenden sechs Figuren (Vgl. *Idomeneus*) einen sich am Sankt Martinstag in Berlin ereignenden tödlichen Unfall eines namenlosen Jungen.[24]

Bereits zu Beginn zeichnet sich ab, dass der Vater unwissentlich seinen eigenen Sohn überfahren hat/überfahren wird, womit der dramatischen Spannung sofort eine Absage erteilt wird und der Verlauf der Geschichte (allzu) schnell durchsichtig wird. Ebenso wenig geht es dem Autor darum, durch eine chronologische Rekonstruktion des Unfalls eine Dramatik zu begründen, die im Fall des Vaters nach antikem Tragödienmuster im schrittweisen Begreifen, Eingestehen und folgenreichen Verarbeiten der Schuld kulminieren könnte.[25]

---

23 Robert Altman prägte mit der nach seinem Film benannten Short Cuts-Dramaturgie zahlreiche Filmemacher wie Alejandro Gonzales Inarritu (*21 Gramm*, *Babel*, *Biutiful*), Paul Thomas Andersen (*Magnolia*) oder Steven Soderbergh (*Traffic*). Mit einer ähnlichen Erzähltechnik, die verschiedenen Personen in wechselnden Konstellationen verwebt, operiert auch die Dramatikerin Dea Loher, u. a. in *Das letzte Feuer* sowie in *Diebe*.

24 In Bezug auf die auch für Schimmelpfennig wichtige Chorfrage, die an anderer Stelle genauer zu verfolgen wäre, soll in Bezug auf *Das fliegende Kind* lediglich hypothetisch angemerkt werden, dass das chorische Sprechen hier grundsätzlich die Polyperspektivität motiviert und dazu beiträgt, dass sich einerseits die Figuren in ihrer dramatischen Individualität nicht zu stark fixieren bzw. verkrusten und dass andererseits – speziell in Bezug auf die Darsteller – das Ensemble als (Schicksal-)Kollektiv potenziert wird.

25 Trotzdem ist dies ein weiterer Beleg für Schimmelpfennigs kontinuierliche Auseinandersetzung mit (antiken) Mythen. Diese tritt noch signifikanter in seiner Überschreibung des *Idomeneus*-Stoffes hervor und spiegelt sich ebenso – um nur zwei weitere Beispiele zu nennen – in *Die Frau von früher* (Medea) und jüngst in *Die vier Himmelrichtungen* (Medusa, Perseus) wider.

Interessant ist insbesondere die Erzähltechnik, die darin besteht, dass die verschiedenen, aus divergierenden Perspektiven wahrgenommenen und geschilderten Augenblicksaufnahmen wie mikrodramatische Puzzlesteine in einem Moment zusammenfließen und diesen extrem ausdehnen bis dieser sich (wieder) zeit-räumlich entfaltet. Dabei, und dies zeigt sich bereits in seinen letzten Stücken, arbeitet der Autor an einem radikalen Abbau der Handlung bzw. an der Frage, wie diese in die Sprache transferiert, sich darin bewegen und spielerisch erzählt werden kann. Neben der Erzeugung einer szenischen Spannung, die offene und sich erst auf der Bühne konstituierende, d. h. verhandelbare und damit bewegliche Narrationsräume begründet, geht es Schimmelpfennig aber auch darum, die SchauspielerInnen mit divergierenden *abwesenden dramatischen Äußerungen* zu konfrontieren, um so eine gesteigerte szenische Präsenz und ein möglichst ausgeprägtes Sprachbewusstsein zu motivieren.[26]

So lässt Schimmelpfennig nur situative Figurwerdungsskizzen zu, blendet Figuren über ihr Gegenüber, d. h. über eine andere (über sie) sprechende Figur ein und aus und unterbindet so figurenfixierte Ausformungsprozesse, die auf eine signifikante Psychologisierung setzen. Dabei beschneidet er neben der Handlung auch die direkte Figurenrede bzw. klassisch-dramatische Dialogform, vermischt die Redepositionen immer wieder neu und baut wiederholt auf repetitive Textbausteine, die sowohl an ihre SprecherInnen gebunden sein können als auch sich mittels Perspektivverschiebungen durch das Stück bewegen und sich in (zer-) springenden Zeit-Räumen anders anhören können.

Dass die Technik der Neukonfiguration der dramatisch geprägten Theaterfigur grundsätzlich nach wie vor auf Kritik stößt, zeigt u. a. ein Kommentar von Peter Kümmel, der im Hinblick auf die deutsche Theaterlandschaft bilanziert, dass „Theaterfiguren heute so wenig Gewicht, Spannung und Eigensinn besitzen".[27] Der Kritiker sieht in Schimmelpfennig einen der Hauptverantwortlichen und präzisiert: „Schimmelpfennigs Stücke leben von Zeitsprüngen, Ortswechseln, Identitätsmetamorphosen. Alle Raffinesse geht bei ihm in den Bau, die Konstruktion der Stücke, derweil die Figuren selbst eher einfältig wirken. Er schuf in den letzten Jahren Unzählige von Theaterfiguren. Aber gibt es eine Schimmelpfennig-Figur, die nachdrücklich in Erinnerung blieb? [...] In Erinnerung bleibt ein Tonfall: der Tonfall des mulmigen Alles-hängt-zusammen. Schimmelpfennig ist nicht mehr der Schöpfer von Figuren, Charakteren, Temperamenten, die in der Spannung

---

26 In die gleiche Richtung zielt wohl auch Jürgen Goschs Kommentar, s. Peters 2006,
    S. 26.
27 Vgl. Kümmel 2011.

von Konkurrenz und Anziehung, Hass und Liebe miteinander stehen, sondern er erschafft schreibend ein lyrisches Ich, welches durch lauter Hilfs-, Assistenz-, Schattengestalten hindurch im Grunde nur einen Atem ausstößt. Es atmet durch alle Masken, die er erfindet, derselbe Erzähler."[28]

Roland Schimmelpfennig bemerkt dagegen: „In den letzten zwanzig Jahren hat sich die deutsche Dramatik besonders an einem Punkt markant verändert: in Bezug auf die ‚Rolle'. Es findet in der modernen Theater-Literatur bisweilen die Abschaffung der Rolle statt, und daran habe und hatte ich meinen Anteil. […] Aber, und das ist ein großes ABER – die Figur ist im Grunde nicht abschaffbar. Denn: Solange es Individuen gibt, wird es Geschichten und damit Charaktere geben – aber nicht mehr unbedingt Rollen."[29]

Inwiefern trifft diese Kritik nun auf *Das fliegende Kind* (nicht) zu?

Während der Autor in seiner Bearbeitung des *Idomeneus*-Mythos auf ein Personenverzeichnis verzichtet und stattdessen „eine Gruppe von etwa zehn bis vierzehn Männern und Frauen" vorschlägt, wobei „es aber auch mehr oder weniger sein" könnten[30], versammelt er in *Das fliegende Kind* einen Chor, der sich aus sechs Mitgliedern zusammensetzt: „Eine Frau um die vierzig, Eine Frau um die fünfzig, Eine Frau um die sechzig, Ein Mann um die vierzig, Ein Mann um die fünfzig, Ein Mann um die sechzig."[31]

Im Verlauf der Lektüre des Stückes stellt sich jedoch schnell heraus, dass es sich hier eigentlich nur um ein miteinander verheiratetes Paar handelt, wobei die Frau und der Mann jeweils aus ihrer Sicht drei Lebensabschnitte, d. h. Momentaufnahmen vor, während und nach der Katastrophe chronistisch, aber keineswegs chronologisch aufrufen.[32] Das Prinzip der (dualen) figuralen Vervielfältigung gestaltet

---

28 Ebd. Den Vorwurf der Konstruktionsbesessenheit, mit dem Schimmelpfennig nicht zu Unrecht wiederholt konfrontiert wird, weist der Autor vehement von sich: „Die Form – obwohl das oft so gesehen wird – spielt für mich nicht mehr als eine untergeordnete Rolle. Der Stoff findet die Form. Er braucht keine äußerliche Zuordnung. Die Form folgt dem Inhalt. Nicht andersherum. Alles Andere wäre sinnlos oder verspielt, falsch." Vgl. Roland Schimmelpfennig, Theater ist immer Eskalation. In: Schimmelpfennig 2007a, S. 236.

29 Vgl. Schimmelpfennig 2014, S. 28.

30 Vgl. Schimmelpfennig, Idomeneus. In: Schimmelpfennig 2011, S. 142.

31 Vgl. Schimmelpfennig, Das fliegende Kind. In: Schimmelpfennig 2011, S. 642.

32 Durch die Aufhebung des chronologischen Moments, das im illusionistischen Theater wiederum mit den sich ausdifferenzierenden Psychologisierungsprozessen einer sich formenden Figur zusammenspielt(e), bricht Schimmelpfennig deutlich mit einer Theatertradition, die z. B. von Peter Stein oder Frank-Patrick Steckel kunstvoll verkörpert wurde. Diese entschieden sich in ihren Inszenierungen von Ibsens *Peer Gynt*

sich jedoch noch weitaus komplexer, da die weiblichen und männlichen SprecherInnen auch aus ihrer Perspektive herausfallen können, um sowohl in eine andere
Altersklasse zu springen als auch den (fremden) Blickwinkel des Gegenübers, d. h.
der Partnerin/des Partners hörbar werden zu lassen. Andererseits haben die sechs
Chormitglieder noch die Aufgabe in changierenden Konstellationen zusätzliche
Figuren ins Spiel zu bringen und zwei weitere zentrale Chronisten-Perspektiven
des Unglücks erzählerisch einzubinden.[33] Dies sind u. a. „drei hohläugige, ängstli-
che und unterbezahlte Lehrerinnen" die ebenso am Gottesdienst und dem darauf
folgenden Laternenumzug teilnehmen wie ein weiterer Familienvater, mit dem
die Frau heimlich eine Affäre hat, während ihr Mann nach dem Gottesdienst in
seinen „schwarzen Wagen" steigt, um einen Vortrag von Doktor Dolores da Silva
über den „Untergang und die Zukunft des tropischen Regenwaldes" zu hören,
eigentlich aber nur das sexuelle Abenteuer mit der Referentin sucht, und auf der
Fahrt dahin seinen Sohn überfährt, der aus dem Martinszug herausgetreten ist,

---

(Schaubühne Berlin, 1970/71) bzw. *Brand* (Schauspielhaus Bochum, 1993) ebenso
für Mehrfachbesetzungen des Titelhelden, wobei hier aber ein subtiles schrittweises
Zusammenwachsen der einzelnen Lebensabschnitte einer Figur bzw. ein Zusammen-
führen der *Peer Gynt*-Darsteller (Heinrich Giskes, Michael König, Bruno Ganz, Wolf
Redl, Dieter Laser, Werner Rehm) und der *Brand*-Darsteller (Stephan Ullrich, Ulrich
Wiggers, Jochen Tovote, Oliver Nägele) intendiert wurde.
Schimmelpfennig geht es im Gegensatz dazu nicht darum, dass die beiden Hauptfiguren aus *Das fliegende Kind* unter den SchauspielerInnen aufgeteilt und repräsentiert
werden, sondern darum, wie sich die DarstellerInnen gegenüber den skizzierten Figuren szenisch verhalten und wie diese gemeinsam reflexiv in der „Schwebe" gehalten
werden können, um so narrative Freiräume zu begründen. In seiner eigenen Inszenierung entschied sich Schimmelpfennig – wohl auch um die Polyperspektivität und
das gegenseitige Spiegelungsmoment der Redepositionen hervorzuheben bzw. zu fixe
protagonistische Figurenbildungen zu unterdrücken – für folgende Besetzung: Eine
Frau um die Vierzig (Christiane von Poelnitz), Eine Frau um die Fünfzig (Regina
Fritsch), Eine Frau um die Sechzig (Barbara Petritsch), Ein Mann um die Vierzig (Peter Knaack), Ein Mann um die Fünfzig (Falk Rockstroh), Ein Mann um die Sechzig
(Johann Adam Oest).

33 Die hier verfolgte Technik geht noch über das dramaturgische Modell von *Der goldene
Drache* hinaus, wo Schimmelpfennig vier Figuren vorschreibt, die jeweils laut Personenverzeichnis noch in drei weitere Rollen schlüpfen müssen, wobei er in seinem
älteren Stück mittels der Mehrfachbesetzungen die Geschlechter- und Alterslogik auf
den Kopf stellt, aber letztlich noch eindeutig identifizierbare Figuren anstrebt, die von
den DarstellerInnen nicht nur aufzurufen, sondern auch zu verkörpern sind. In *Das
fliegende Kind* entspringen die Figuren nicht mehr ausschließlich dem Personenregis-
ter, sondern formen sich auch skizzenartig aus dem gesprochenen Text heraus.

um sein verlorenes Matchbox-Auto – das eine Miniaturkopie des neuen Autos seines Vaters ist – abseits des Gehweges zu suchen. Die sich tragisch verkettenden Ereignisse werden – und dies bildet eine weitere eingeflochtene doppelte Chronistenebene – zusätzlich sowohl von Oben, d. h. von einem den Glockenturm wartenden Arbeiter als auch von Unten, d. h. von drei Tiefbauarbeitern wahrgenommen, welche die bis unter die Erde dringenden Geräusche (Gesang der Kinder, Hufschläge, Schritte des Jungen, Motorenlärm des Autos des Vaters, der dumpfe Aufprall) als Tonspuren verfolgen.[34]

Gerald Siegmund, der in Bezug auf die zeitgenössische Theater-Ästhetik von einem „Theater des Fragments" spricht, fokussiert mit seiner Diagnose zugleich ein zentrales Moment von Schimmelpfennigs Theatervorstellung: „Ein Theater des Fragments, das Hören und Sehen trennt, unterteilt und teilt das Sinnliche und den sich darin anbahnenden Sinn in diesem Sinne neu und anders."[35]

Während die drei „hohläugigen, dreckig und verschwitzten" Arbeiter, wie es im Text heißt, „nach Beschleunigung, nach der Abkürzung suchen und immer tiefer graben" und sich ebenso über einen riesigen Teilchenbeschleuniger in einer Schweizer Tunnelröhre austauschen,[36] wird der Glockenturm-Arbeiter noch aktiver in den

---

34 Während die Textpassagen der drei Arbeiter grundsätzlich von drei Männern chorisch gesprochen werden – spiegelbildlich dazu übernehmen drei Frauen die Beschreibungspassagen der drei Lehrerinnen – setzt der Autor im Fall der singenden Kinder/Eltern (*Sankt Martin*-Lied; *Hier wohnt ein reicher Mann, der uns vieles geben kann* sowie Martin Luthers *Eine feste Burg ist unser Gott*) den gesamten Chor ein. Es gibt jedoch auch chorische Zweierkonstellationen, wenn z.B. der Familienvater dem Vortrag der Forscherin folgt, der von einer Frau um die vierzig und einem Mann um die vierzig gesprochen wird und damit die Figur des zuhörenden Vaters sprechend mit aufgerufen wird.

35 Vgl. Siegmund 2009, S. 16.

36 Schimmelpfennig verwebt hier die für Tiefbauarbeiter wohl eher ungewöhnlich erscheinende naturwissenschaftlich-philosophische Diskussion mit Vortragsfetzen der brasilianischen Forscherin, wobei beide Ebenen auf den Tod (des Jungen) verweisen. Im 21. Bild des 1. Aktes (im Stückabdruck des Burgtheaters ist es das 20. Bild) rufen „Eine Frau um die vierzig und ein Mann um die vierzig" die zentrale These der Forscherin chorisch sprechend auf:
Doktor Dolores da Silva
lehnte in ihrem kurzen grauen Kostüm
mit den hohen Schuhen
und den langen Beinen
an dem Pult
und sagte,
ich komme von weither,
ich komme aus Südamerika,

Plot miteinbezogen, indem dieser zunächst Besuch von einem (aus dem Regenwald entflohenen?) tropischen Leguan bekommt und dann dem gerade verunglückten Jungen begegnet, der wie ein „ kleiner Prinz" bzw. Engel zu ihm auffliegt, sich mit ihm über die Endlichkeit des Lebens austauscht, um sich schließlich von der Brüstung des Kirchturms abzustoßen, davonzuschweben und abzustürzen.

ich komme aus Rio de Janeiro,
und ich spreche über den Regenwald,
aber ich spreche ebenso
über den Untergang
und die Zukunft
der gesamten Welt.
Wir leben in einer Welt,
in der die Dinge
aufeinander zurasen
und zusammenstoßen
und kaputtgehen. [...]
Im 2. Bild des 2. Aktes bemerken die drei Tiefbauarbeiter – hier von „Drei Männern" gesprochen:
[...]
der Tunnel ist ein Ring,
in dem kollidieren Dinge,
in dem
stoßen die kleinsten Teilchen dieser Welt zusammen
und gehen kaputt,
die lassen in dem Ring
die kleinsten Teile,
die die Welt zusammenhalten, zusammenstoßen,
um zu sehen, was dann passiert –
und was passiert dann?
Im 12. Bild des dritten Aktes kommt ein „Mann um die fünfzig" nochmals auf das Thema zurück und lenkt die Aufmerksamkeit auf ein „schwarzes Loch", das auch in Schimmelpfennigs *Wenn, dann: Was wir tun, wie und warum* eine wichtige Rolle spielt und von drei (auf Shakespeares *Ein Sommernachtstraum* verweisenden) Handwerkern symbolisch freigelegt wird.
Nur was passiert,
wenn diese Teilchen zusammenstoßen?
Sie zerspringen
Und verschmelzen gleichzeitig,
und so entsteht
ein schwarzes Loch.
Vgl. Schimmelpfennig 2011, S. 648, 669, 670, 678, 688.

Schimmelpfennig gelingt es gerade in dieser märchenhaft-phantastistisch angelegten Szene einen einzigen Moment auszudehnen und diesen spezifischen
Augenblick zugleich so aufzusplittern, dass sich darin das ganze kurze bzw. ver-
hinderte zukünftige Leben des Jungen (poetisch) verdichtet. Andererseits treten
hier – mit dem Wechselspiel von direkter und indirekter Rede sowie der bewusst
erzeugten Kluft zwischen einer weiblichen, älteren Sprecherin, die sowohl die
Figur des kleinen Jungen aufruft als auch kurz in dessen Rolle schlüpft – Form-
merkmale auf, die für den Dramatiker bezeichnend sind und seine Suche nach
einer *neuen Sprache im Theater*, d. h. nach einem *spielerischen Erzähltheater*, das
ein neues Figurenverständnis sowie eine andere Art der Kommunikation einfordert, unterstreicht:

Ein Mann um die sechzig:
Die Treppe bist du nicht raufgekommen.

Eine Frau um die sechzig:
Nein, sagt das fliegende Kind.
Ich bin geflogen.

Ein Mann um die sechzig:
Geflogen?

Kurze Pause.

Ja, ja – ist das Blut?

Eine Frau um die sechzig:
Blut? Wo?

Ein Mann um die sechzig:
Da, an der Stirn.

Eine Frau um die sechzig:
Schulterzucken.

Ein Mann um die sechzig:
Und deine Schuhe?
Wo sind deine Schuhe?

Eine Frau um die sechzig:
Verloren. Als ich in die Luft flog.
Hoch. Nach oben.

Ein Mann um die sechzig:
Müde?

Eine Frau um die sechzig:
Ja, etwas.

[...]

Ein Mann um die sechzig:
Komm, ich bringe dich nach unten.
Es kann doch ein Wunder passieren, und schon
geht das Leben weiter –
Wir gehen hier runter, wir suchen deine Eltern, dann
ab ins Bett, vielleicht vorher noch in die Badewanne,
weil du dich bei der Fliegerei erkältet haben könntest,
dann morgen Schule, danach kommt das Wochenende,
du triffst deine Freunde,
und so geht es immer weiter –
du paßt auf, wenn du allein zur Schule gehst,
und deshalb streift dich nicht der Wagen, der dich
übersehen hatte,
und du fährst auf Klassenfahrt, aber du läßt dich auf
der Wattwanderung nicht von der Flut überraschen,
und du machst deinen Abschluß, ziehst in deine
eigene Wohnung, aber du machst nachts immer die Kerzen aus, egal, wieviel du mit deinen
Freunden
getrunken hast,
und dann fährst du dich nicht mit deinem ersten Wagen
zu Tode, und du gerätst in keine Lawine, weil du
nicht Ski fährst, und du stürzt nicht mit dem Flugzeug
ab, weil du Glück hast, und du erlebst die Geburten
deiner Kinder, und eines Tages trägst du deine Eltern
zu Grabe, in ferner Zukunft.

Wer weiß –

Eine Frau um die sechzig:
Ja, sagt das Kind, und baumelt mit den Füßen über
der Brüstung des Kirchturms im Glockenturm,
ja, sagt es,
aber so ist es ja nicht. Ich bin ja hier – ich bin hier –

Ein Mann um die sechzig:
Komm, komm da runter
Er streckt die hand aus –

Eine Frau um die sechzig:
Nein, nein –

Und dann stößt sich das Kind ab, und es schwebt tatsächlich
in der Luft – der Wind treibt es ein bißchen
Weiter.
Siehst du? Ruft das Kind. Es geht! Es geht! Ich habe

es dir gesagt!
Und der Mann in dem Glockenturm lacht schief. Ja –
Das Kind hängt am Nachthimmel in der Luft, die Arme
ausgestreckt, die Beine, der leichte Körper. Die Zeit
steht stilll.
Ist das das Gegenteil von Ewigkeit? Ruft das Kind.
Und dann stürzt es in die Tiefe,
haltlos, stürzt es ins Nichts,(…)[37]

Wenngleich das titelgebende *Fliegende Kind* weder als „gegossene" autonome Figur noch selbst sprechend auftritt und stattdessen über andere Figuren/SprecherInnen ins Spiel gebracht wird, entwickelt diese, an der „langen Leine" gelassene, unter dramatischen Gesichtspunkten alles andere als ganzheitliche, d. h. fragmentarisch bis phantomartig skizzierte Figur doch Konturen und ein Eigenleben, die dieser Gewicht verleihen. Atmet hier, so nochmals die Diagnose Peter Kümmels, wirklich nur ein „lyrisches Ich durch die Maske des Autors" oder geht es Schimmelpfennig vielmehr darum, dass die Schauspieler und das Publikum gemeinsam an einem neuen Modell der Theaterfigur arbeiten, um damit individuell als auch kollektiv spielerisch das lyrische Ich weiter auszuformen und dabei über menschliche Spielformen nachzudenken?

Schimmelpfennig bringt in diesem Kontext nochmals seine dialogisch-figuralen Verwischungs- bzw. Verflüssigungsstrategien auf den Punkt: „Inzwischen wimmelt es in meinen Texten von Dingen und Inhalten, die auf dem Theater des reinen Dialogs keine Chance hätten. […] Im Theater wird aus dem Erzähler ein Spieler. Ein Spielender. Aus dem Spielenden kann ein Erzähler werden. Vielleicht erzählt er, dass er spielt oder andersherum. Die Grenzen verwischen."[38]

Betonte Robert Musil das auch für Schimmelpfennigs Theaterkosmos elementare Moment der Andeutung, so geht Bernhard Waldenfels noch einen Schritt weiter und grundiert dabei einen die moderne Literatur betreffenden Formdiskurs – an den auch Roland Schimmelpfennig als Autor und Regisseur anknüpft: „Moderne literarische Formen zeichnen sich dadurch aus, dass sie mit

---

37   Vgl. Stückabdruck von *Das fliegende Kind* im Programmheft des Wiener Burgtheaters, UA Akademietheater: 04. 02. 2012, S. 51–55. Vgl. auch: Roland Schimmelpfennig, 2011, S. 641–712, hier: S. 692–696. Während im Stückabdruck der Wiener Spielfassung von einem „Wagen" die Rede ist, entscheidet sich der Autor in der Buchfassung für einen „Lieferwagen", womit er die unmittelbare Kontextualisierung zum Auto des Vaters bzw. den Vater-Bezug reduziert.

38   Vgl. Schimmelpfennig, Dritter Vortrag. In: Schimmelpfennig 2014, S. 75.

den Grenzen des Erzählbaren spielen und sie in die Darstellung miteinbeziehen, ohne den Schein einer umfassenden Ganzheit zu erzeugen."[39]

Literaturverzeichnis

Schimmelpfennig 2007a – Schimmelpfennig, Roland: Stück *Besuch bei dem Vater*. In: Ders.: Trilogie der Tiere. Stücke. Frankfurt/M.

Schimmelpfennig 2007b – Schimmelpfennig, Roland: Theater ist immer Eskalation. Ein Gespräch mit Uwe B. Carstensen und Friederike Emmerling. In: Schimmelpfennig, 2007a, S. 229–243.

Schimmelpfennig 2009 – Schimmelpfennig, Roland: Narratives Theater. In: Bernd Stegemann (Hrsg.): Lektionen. Dramaturgie. Berlin, S. 315–317.

Schimmelpfennig 2011 – Schimmelpfennig, Roland: Wenn, dann: Was wir tun, wie und warum. In: Ders.: Der goldene Drache. Stücke 2004–2011. Frankfurt/M.

Schimmelpfennig 2014 – Schimmelpfennig, Roland: Erster Vortrag. In: Johannes Birgfeld (Hrsg.): Roland Schimmelpfennig. Ja und Nein. Vorlesungen über Dramatik. Saarbrücker Poetikdozentur für Dramatik, Theater der Zeit, Recherchen 107. Berlin, S. 8–39.

Bohrer 1994 – Bohrer, Karl Heinz: Das absolute Präsenz. Frankfurt/M.

Kümmel 2011 – Kümmel, Peter: Übertreibt es! Ein Plädoyer für den Übermut zum Start der neuen Saison: Theaterfiguren müssen größer und witziger sein als die Stücke, in denen sie spielen. Also vertreibt die Zombies von der Bühne! In: Die Zeit, 08. 09. 2011, Nr. 37.

Peters 2006 – Jürgen Gosch in einem Gespräch mit Nina Peters. In: Theater der Zeit, 05/2006, S. 21–26.

Schütz 2008 – „Gute Bühnen sind oft leer". Siegfried Gohr im Gespräch mit Johannes Schütz. In: Johannes Schütz (Hrsg.): Bühnen Stages 2000–2008. Band 1. Nürnberg, S. 6–25.

Siegmund 2009 – Siegmund, Gerald: Einleitung. Diskurs und Fragment: Für ein Theater der Auseinandersetzung. In: Anton Bierl, Gerald Siegmund, Christoph Meneghetti, Clemens Schuster (Hrsg.): Theater des Fragments. Performative Strategien im Theater zwischen Antike und Postmoderne. Bielefeld, S. 11–18.

39　Vgl. Waldenfels 2004, S. 50.
　　Der für diesen Band überarbeitete Beitrag basiert auf einem Vortrag, den ich unter dem Titel „Die leere Bühne. Sieben Stühle. Vielleicht eine Sitzbank. Später ein Tisch." Zu *Besuch bei Roland Schimmelpfennig* anlässlich des Symposiums *Komiker und Magiker. Zu den Stücken von Rebekka Kricheldorf und Roland Schimmelpfennig* am 18. Juni 2011 im Rahmen der Autorentheatertage am Deutschen Theater in Berlin gehalten habe.

Tigges 2009 – Tigges, Stefan: Die Haut als Bühne – der Körper als Aktions-Raum: Jürgen Goschs und Johannes Schütz sezieren Shakespeares *Macbeth*. In: Friedemann Kreuder, Michael Bachmann (Hrsg.): Politik mit dem Körper. Performative Praktiken in Theater, Medien und Alltagskultur seit 1968. Bielefeld, S. 251–270.

Tigges 2011 – Tigges. Stefan: „Der Sprung in der Scheibe, mit dem alles begann." Wort-Regie-Theater. Roland Schimmelpfennigs *Hier und Jetzt* als polyphone Zeit-Raum-Variation. In: Artur Pelka/Stefan Tigges (Hrsg.): Das Drama nach dem Drama. Verwandlungen dramatischer Formen in Deutschland seit 1945. Bielefeld, S. 221–244.

Tigges 2012a – Tigges, Stefan: „In den Raum der Bilder sehen. Ästhetische Maßverhältnisse in den Spiel- und Kunsträumen von Jürgen Gosch und Johannes Schütz". In: Kati Röttger (Hrsg.): Welt-Bild-Theater. Band 2. Bildästhetik im Bühnenraum. Tübingen, S. 251–266.

Tigges 2012b – Tigges, Stefan: Ein Chor, der um seine (Ver-)Fassung ringt. Roland Schimmelpfennigs *Idomeneus* in der Inszenierung von Jürgen Gosch. In: Friedemann Kreuder, Michael Bachmann, Julia Pfahl, Dorothea Volz (Hrsg.): Theater und Subjektkonstitution. Theatrale Praktiken zwischen Affirmation und Subversion. Bielefeld, S. 529–544.

Waldenfels 1999 – Waldenfels, Bernhard: Architektur am Leitfaden des Leibes. In: Ders.: Sinnesschwellen. Studien zur Phänomenologie des Fremden. Frankfurt/M.

Waldenfels 2004 – Waldenfels, Bernhard: Phänomenologie der Aufmerksamkeit. Frankfurt/M.

Marta Famula (Bamberg)

Experimente der Sinngebung.
Lukas Bärfuss' *Alices Reise in die Schweiz* und die ethisch-existenzielle Herausforderung im 21. Jahrhundert.

In einem Interview mit dem Sender Deutschlandradio Kultur vom 24. Juni 2010 zum Thema *Sterbehilfe auch für Gesunde?* das sich auf eine entsprechende Forderung der niederländischen Bürgerinitiative zur *Vereinigung für ein freiwilliges Lebensende(NVVE)*bezog, stellte der Schweizer Autor Lukas Bärfuss die geistige Unverfügbarkeit des Todes ins Zentrum der Diskussion und warnte damit vor einem allzu leichtfertigen Umgang mit dem Sterben: „Ich glaube, wir sollten uns mit der Unbequemlichkeit und mit dem Skandalon des Todes auseinandersetzen."[1] Damit stellte er nicht den Akt der Sterbehilfe selbst zur Debatte, sondern vielmehr jene kulturellen und geistigen Parameter, die den individuellen Umgang mit dem existenziellen Abgrund der eigenen Sterblichkeit bestimmen. Bereits fünf Jahre zuvor, am 4. März 2005, wurde sein Drama *Alices Reise in die Schweiz. Szenen aus dem Leben des Sterbehelfers Gustav Strom*[2] am Theater Basel uraufgeführt, in dem er den Formen der Bewältigbarkeit des existenziellen Abgrundes und den eng damit verbundenen Fragen der Sinngebung nachgeht und damit einen neuralgischen Punkt der gegenwärtigen kulturellen Diskussion trifft, der die Premieren-Zuschauer seines Stücks noch lange nach Ende der Vorstellung zusammenstehen und diskutieren ließ.[3] Das Drama verhandelt die geistigen Parameter des Umgangs

---

1 Vgl. Scholl 2010.
2 Bärfuss 2007, S. 7–57.
3 So berichtet Alfred Schlienger in der Neuen Zürcher Zeitung vom 7. März 2005 vom großen Diskussionsbedarf seitens der Zuschauer, die nach der Premiere der Uraufführung noch lange zu keinem Schlusspunkt des Gesprächs finden konnten, vgl. Schlienger 2005. Das Thema Suizid war gerade in den letzten Jahren mehrfach Gegenstand wissenschaftlicher Auseinandersetzung, vgl. etwa die literaturwissenschaftliche Betrachtung von Blamberger / Goth 2013 oder die kulturgeschichtlich ausgerichtete Untersuchung von Bähr / Medick 2005. Das hier untersuchte Drama macht indessen nicht in erster Linie das Moment des Suizids selbst als vielmehr die Frage der Entscheidung und damit der Sinngebung und deren existenziell-ethische Dimensionzum Gegenstand. Auch im Werk Lukas Bärfuss' selbst stellt die Selbstmordproblematik

mit Fragen nach Sinn und Endlichkeit in einer durch medizinischen Fortschritt sowie durch relativistisch-dekonstruktivistische Tendenzen geprägten Gegenwart, innerhalb derer Leben, Krankheit und Tod in ein neues, von der Idee individueller Selbstverwirklichung geprägtes Licht gerückt werden. Im Zentrum des Dramas steht der Mediziner Gustav Strom, der sein Wissen in den Dienst der Sterbehilfe gestellt und seine Schweizer Wohnung zu einem Ortgemacht hat, an dem Menschen aus ganz Europa die Möglichkeit haben, ihr Leben legal und mit seiner professionellen Hilfe zu beenden. Entsprechend dieser Konzeption zeigt das Stück eine Reihe Charaktere, für die das freiwillige Ende des eigenen Lebens von Bedeutung ist, so etwa die an Depression leidende Hamburgerin Alice und deren Mutter Lotte Gallo, die nach dem Suizid ihrer Tochter keinen Lebensinhalt hat und sich deshalb ebenfalls für den Tod entscheidet, oder den krebskranken Engländer John, der den geplanten Suizid allerdings trotz des zunehmenden körperlichen Verfalls nicht umzusetzen vermag. Die dramatische Anlage des Stücks zeigt durch den Fokus auf dem suizidalen Wunsch damit im Grunde unterschiedliche Varianten der Verzweiflung am Leben, die den Tod als einzige Rettung begreift, und stellt so die Kluft zwischen individuellen Vorstellungen von einem sinnvollen und erfüllten Leben und deren (Nicht-)Realisierbarkeit als zentralen Gegenstand heraus, worin generell grundlegende Tendenzen geistig-kultureller Lebensbedingungen unserer Gegenwart zum Tragen kommen.[4] Diesen Gegenstand unterstreicht die Existenz einer ganzen Reihe weiterer Figuren, die unterschiedliche Positionen in Bezug auf individuelle Sinngebung und eine damit zusammenhängende Haltung gegenüber der institutionalisierten Sterbehilfe verkörpern: die achtzigjährige Nachbarin, Frau Gubser, etwa, die trotz ihres Alters lieber die Strapazen eines Umzugs auf sich nimmt als sich mit dem Handeln Gustav Stroms auszusöhnen, oder Eva, die junge selbsternannte Assistentin des Sterbehelfers, für die Sterbehilfe zum Lebensinhalt wird, allerdings nur solange, bis sie eine andere Form altruistischer Selbstverwirklichung in einem rumänischen Kinderheim findet.[5]

---

einen zentralen Aspekt dar, so verhandelt dessen neuer Roman *Koala* den Selbstmord des Bruders des Protagonisten, der sich durch eine Überdosis Heroin das Leben nimmt, worin der Autor den Tod des eigenen Bruders verarbeitet, vgl. Bärfuss 2014.

4   Was als existenzialistische Position seit Albert Camus die Auseinandersetzung mit dem Selbstmordgedanken prägt – die Abwesenheit von Sinn, die nicht im Suizid, sondern gerade in der Entscheidung für das Leben ihre adäquate Reaktion findet – steht den hier auf den ersten Blick vertretenen Positionen entgegen und wird erst bei einer genaueren Analyse der Charaktere deutlich.

5   Bärfuss 2007, S. 21. Als Eva des abgründigen und erschreckenden Moment des Sterbens gewahr wird, findet sie einen anderen Ort, der ihr als Plattform für die eigene

Die Möglichkeit, das eigene Leben jederzeit eigenständig zu beschließen, scheint das auf den Tod ausgerichtete menschliche Existenzbewusstsein in seiner Kontingenz zu relativieren und stellt damit die Frage nach Strategien der Sinngebung neu. Entsprechend erweist sich die gesamte Anlage des Dramas als ein experimentelles Durchspielen möglicher Bewältigungswege der existenziellen Herausforderung angesichts nihilistischer Grundkonstanten auf der einen, sinngebender Ideale auf der anderen Seite – eine differenzierte Auseinandersetzung mit einem philosophisch-psychologischem Problem mithin, die sich bereits im Untertitel: *Szenen aus dem Leben des Sterbehelfers Gustav Strom* ankündigt: Statt eines dramatischen Bogens werden unterschiedliche Facetten eines Problemkomplexes beleuchtet.[6]

Auf den experimentellen Charakter scheinen bereits der Titel und der Name der Hauptakteurin Alice hinzuweisen: Die Reise der Figuren in die Schweiz, wo Sterbehilfe legal ist und bereits seit langem kontrovers diskutiert wird[7], scheint auf die merkwürdige Reise der Alice in Lewis Carrolls Kinderbuch aus dem Jahr 1865 *Alice's Adventures in Wonderland* Bezug zu nehmen, in dem vertraute Gedankengänge durch einen Paradigmenwechsel in einem neuem Blickwinkel erscheinen und dabei die im Alltag ins Diffuse verwischte Problematik geschärft und kontrastiert zum Ausdruck bringen.[8]

Zwischen Ideal und Sinngebung– der Sterbehelfer Gustav Strom

Im Zentrum der Anordnung steht der Sterbehelfer Gustav Strom, eine Figur, die ihr Leben dem Ideal verschrieben hat. Sie verkörpert die Charakterzüge eines Freiheitskämpfers für humanistische Ideale von Autonomie und Würde, wie er vor allem im 18. Jahrhundert die dramatische wie auch die politische Bühne prägte.

Selbstverwirklichung dienen soll: „In einer Woche fahre ich nach Rumänien. Ans schwarze Meer, in ein Heim für geistig behinderte Kinder. Ich werde für sie kochen, putzen, mit ihnen spielen. Eine Mama sein für ein paar Monate. Die haben sonst keinen. Danach werde ich sehen. Irgendetwas wird sich finden. Ich bin noch jung, verstehst du. Ich muss noch etwas anfangen mit meinem Leben." Vgl. ebd., S. 55.

6 Damit verweist bereits der Untertitel auf die Abwesenheit endgültiger Antworten, die das Stück nicht gibt. Generell erweisen sich die Untertitel der Dramen Bärfuss' von konzeptioneller Bedeutung, so etwa in: *Amygdala: Vollständige Fragmente einer unvollständigen Stadt*, das den Schlaglichtcharakter eines Gesellschaftspanoramas ankündigt, vgl. Bärfuss 2007, S. 115–166.

7 Vgl. etwa Benzer 2008 sowie Mathwig 2009.

8 Carroll 1865.

Das Informationsblatt, auf dem er Aufgaben und Ziele seiner Institution vorstellt, bedient sich entsprechend einer Passage aus Friedrich Schillers *Wilhelm Tell* und stellt seine Arbeit damit in die Tradition des Nationalhelden, dessen Freiheits- und Autonomieideale für das Schweizerischen Selbstverständnis von tragender Bedeutung sind.[9] Hier heißt es: „Verein für Sterbehilfe. Zu einem selbstbestimmten Leben gehört ein selbstbestimmtes Sterben. Lieber tot, als in Knechtschaft leben. Schiller, Wilhelm Tell. Wer zum Suizid entschlossen ist, hat ein Recht auf Beihilfe."[10] Strom stellt sein medizinisches Wissen in den Dienst der Sterbehilfe, um dadurch Menschen zu erlösen, die ihr Leben beenden möchten, sei es, weil sie aufgrund des medizinischen Fortschritts am Leben gehalten werden, sei es, weil sie keine Beziehung zu ihrem Leben aufzubauen vermögen. In Anlehnung an *WilhelmTell* besteht seine Idee dabei darin, der freien Entscheidung des Einzelnen gerecht zu werden:

> „Prinzipien sind mir gleichgültig. Jedes Prinzip, irgendeines, ist Menschen feindlich. Ich will den Kranken ein Freund sein, eine helfende Hand. Wer kann das Glück definieren, und wer das Leid. Wer kann in Worte fassen, was ein Leben lebenswert macht. Ich nicht. Aber ich sehe, wer nicht weiter kann und in den Seilen hängt, und wer an seiner Würde Schaden nimmt, wenn der Kampf nicht abgebrochen wird. Es gibt Menschen, die sich selbst nicht helfen können."[11]

Während allerdings die sinnvolle und moralisch motivierte Idee immer weiter optimiert wird – er handelt in jeder Hinsicht planvoll und umsichtig, bedenkt alle Eventualitäten und steht seinen sterbenswilligen Patienten uneingeschränkt bei, wobei er sich weder von staatlicher Gewalt noch von Anfeindungen abschrecken lässt – bleibt sie gegenüber den individuellen Anforderungen der an Depression

---

9   Zur Bedeutung von Schillers Drama *WilhelmTell* für das Schweizerische Heldenverständnis vgl. etwa Mettler / Lippuner 1982.
10 Bärfuss 2007, S. 15. Mit dem Heldenkonzept Gustav Stroms scheint die dramatische Linie seit dem Konzept des „mutigen Menschen", das Friedrich Dürrenmatt im Essay *Theaterprobleme* entwickelt, wieder aufgegriffen und fortgeführt. Doch was für Dürrenmatts Helden, etwa für Möbius in *Die Physiker*, noch galt, dass der Einzelne mittels Nachdenkens die Zusammenhänge der Welt zumindest teilweise erkennen könne, gilt für Bärfuss' Sterbehelfer nicht mehr – alles, was er zu schaffen vermag, ist eine solipsistische Selbstkonstruktion. Das Konzept des dramatischen Helden erfährt nach dem Ende des Kalten Krieges einen grundlegenden Paradigmenwechsel weg von einer politischen Bedrohung hin zur Aufgabe der individuellen Lebensbewältigung, wodurch sich die bei Friedrich Dürrenmatt formulierte Prämisse des Einzelnen nicht mehr auf dieser Ebene realisieren lässt. Eine ausführliche Untersuchung hierzu wäre zweifellos fruchtbar. Vgl. Dürrenmatt 1998, S. 63.
11 Bärfuss 2007, S. 13.

leidenden Menschen opak.[12] So ist Strom nicht in der Lage, auf die Besserung des gesundheitlichen Zustands von Alice zu reagieren, als diese angesichts des nahenden Todes Anzeichen einer Überwindung des depressiven Zustandes aufweist, sondert er begleitet sie dennoch in den Tod.[13] Auch kann er seinen Unmut nicht ganz verbergen, als John, sein krebskranker Patient aus England, trotz weit fortgeschrittenem Krankheitsstadium den letzten Schritt zum Suizid immer wieder im letzten Moment aufschiebt. „Das Hinundher ist ganz unerträglich.“[14] Dabei wird die Frage nach der geistigen Genese von Freiheit und Würde, was seinem weltanschaulichen wie beruflichen Ideal zugrunde liegt, beinahe pervertiert, indem er es als ideologisches credendum verhandelt, was schließlich in einer geradezu grotesken Lobeshymne auf den eigenen Lebensentwurf mündet:

> „So bleibe ich alleine, alleine. Der Mensch ist nicht weiter, er wird nicht weiter kommen, obwohl er weiter geht und geht und geht. Die Technik ist zu stark für unseren schwachen Körper, sie wissen das, sie wissen, einen wie mich werden sie brauchen, je länger, je mehr. Einer, der den Schalter dreht, wenn die Birne längst verglüht und das Licht aus ist. Einer, der ihnen die Finsternis bringt. Was wäre, wenn sie mich lieben würden. Zugeben müssten sie, dass sie gescheitert sind. Nicht was ich tue, hassen sie. Nur mich. Gustav Strom. Ich glaube, dies ist eine Ehre. Allein sein ist eine Ehre.“[15]

Der Begriff der Ehre scheint in diesem Kontext der Sinngebung paradigmatisch: Strom misst daran den Erfolg seiner Idee und leitet daraus die Qualität seines Lebenskonzeptes ab, wobei die beinahe fanatische Überhöhung des Ideellen die Kluft zur Realität umso stärker verdeutlichen muss.[16] Das von Strom formulierte Ideal der

---

12 Ähnlich stilisiert wie auch das Zitat aus Schillers *Wilhelm Tell* wirkt auf seinem Informationsblatt die Beschreibung, die Strom von einem depressiven Zustand gibt, um seine Institution und damit sich selbst zu legitimieren: „[…] und wenn du nach Hause kommst, und es riecht nach Staub, und du weißt, dass du dein Sofa störst, die Küche lieber allein geblieben wäre und dein Kühlschrank dich auslacht, na immer noch am Leben, und wenn die Spülung am Klo singt, ichwillnichtmehr, ichwillnichtmehr, und das Parkett unter deinen Füßen die Worte Machsdoch, Machsdoch knirschen.“ Vgl. Bärfuss 2007, S. 39.
13 In dieser Interpretation scheinen sich die Kritiker einig, so schreibt etwa: Alfred Schlienger: „Kein verantwortungsbewusster Arzt, kein gesunder, wacher Mensch würde eine solche Person in den Tod begleiten wollen.“ Vgl. Schlienger 2005 oder Karin Frohnmeyer, die Strom Selbstverliebtheit und Allmachtsphantasien attestiert. In: Frohmeyer 2006.
14 Bärfuss 2007, S. 47.
15 Bärfuss 2007, S. 56–57.
16 Charles Taylor hat diesbezüglich auf einen entscheidenden Unterschied zwischen den Werten Ehre und Würde hingewiesen, der Ehre als Zugeständnis von Wert von außen,

Hilfe zu Freiheit und Würde weist sich mit seinen klaren Bezügen zum literarischen Helden mithin als ein Versuch aus, dem Leben verbindliche Werte zugrunde zu legen, wodurch das zentrale Problem der Figuren in Bärfuss' Drama zum Ausdruck kommt: Die Frage nach verlässlichen Ideen, die dem eigenen Leben Sinn geben, was spätestens seit dem 19. Jahrhundert und Nietzsches Diagnose nihilistischer Grundtendenzen zur generellen Herausforderung der modernen Existenz avancierte.[17] Auf diese Weise werden die Figuren in Bärfuss' Stück als Spektrum der individuellen Konstitution von Sinn als Basis für ein das eigene Leben tragendes Werteparadigma lesbar, das sich stets zwischen der unmittelbaren Empfindung der eigenen Existenz und unterschiedlichen Formen äußerer Abhängigkeiten bewegt, deren extremes Beispiel der Sterbehelfer selbst zu visualisieren scheint.

Zwischen Individualität und Abhängigkeit – Alice und Lotte Gallo

Die beiden Figuren, deren begleiteter Suizid im Laufe des Stückes erzählt wird, sind die an Depression leidende Titelheldin, die Hamburgerin Alice Gallo, und deren Mutter, Lotte Gallo, die in der Fürsorge um ihre Tochter den eigenen Lebensinhalt gefunden hat. Alices Leiden steht leitmotivisch und programmatisch im Zentrum des Dramas und stellt gewissermaßen die konträre Position zum

---

indessen Würde als eine genuin dem Einzelnen immanente Größe ausweist, vgl. Taylor 1993.

17 Sprechend hierfür ist Nietzsches Toterklärung Gottes in seiner Schrift *Die fröhliche Wissenschaft* sowie das für unseren Zusammenhang noch ausschlaggebendere Bild des verwischten Horizontes: „Wohin ist Gott? rief er, ich will es euch sagen! Wir haben ihn getödtet, – ihr und ich! Wir Alle sind seine Mörder! Aber wie haben wir dies gemacht? Wie vermochten wir das Meer auszutrinken? Wer gab uns den Schwamm, um den ganzen Horizont wegzuwischen?" Nietzsche 1999, S. 480–481. Ähnlich bei Charles Taylor: „Wie sehr man auch über den Ausdruck spotten mag, der Sinn des Lebens steht also auf unserer Tagesordnung, sei es in der Gestalt drohenden Sinnverlusts oder weil das sinnvolle Verstehen des Lebens das Ziel einer Suche ist. Und diejenigen, deren spiritueller Handlungsplan hauptsächlich in dieser Weise definiert ist, befinden sich in einer existentiellen Bedrängnis, die grundverschieden ist von der, die in den meisten früheren Kulturen vorherrschend war und auch heute noch das Leben anderer Menschen bestimmt. [...] Der Druck ist potentiell gewaltig und unentrinnbar, und es kann sein, daß man darunter zusammenbricht. Die Gestalt, die die Gefahr hier annimmt, ist völlig verschieden von der, die den modernen Sucher bedroht und beinahe so etwas ist wie das Gegenteil jener: Die Welt verliert jegliche spirituelle Kontur, keine Handlung hat einen Wert, die Furcht gilt einer erschreckenden Leere, einer Art Schwindelgefühl oder gar einem Zerbrechen unserer Welt und des Leib-Raums." Taylor 1996, S. 41–42.

Sterbehelfer Gustav Strom dar. Ihrem Selbstverständnis liegt keine Idee zugrunde, sie wünscht sich den Tod, wobei der Text das genaue Krankheitsbild ebenso im Dunkeln lässt wie die genaue medizinische Diagnose oder die Frage nach klinischen oder empirisch-emotionalen Ursachen. Ihr Zustand wird als eine unheilbare und dauerhaft anhaltende Depression geschildert, die als ein status quo verhandelt und ausschließlich aus den Dialogen zwischen Tochter und Mutter ersichtlich wird. Die Mutter ist es auch, die Alices Krankheit definiert sowie die Bedingungen und Strukturen ihres gemeinsamen Lebens festlegt, wobei sich ihre Definition der Krankheit immer zugleich als inhaltliche Vorgabe für Alices konkrete Lebensgestaltung ausnimmt: „Dir kann niemand helfen. Verstehst du. Gar niemand. Was du hast, ist unheilbar. Wir können nur versuchen, deine Leiden zu lindern. Und das tun wir auch"[18], während es an anderer Stelle heißt: „Du bist krank, weil du nichts tust."[19] Alices psychischer Zustand und ihr damit einhergehender Wunsch zu sterben sind mithin gekoppelt an die Interaktion mit ihrer Mutter, die ganz offensichtlich Strukturen einer Co-Abhängigkeit aufweist:

> „A.: Mit mir geht es wieder bergab. Ins Loch. L.: Leg dich hin. Machs dir gemütlich. Ich bring dir die Zeitung. A.: Ich will nicht mehr. L.: Dann schau fern. Ich koche Tee. A.: Ich habe mit einem Arzt gesprochen. L.: Du sollst diese Dinge nicht ohne mich in Angriff nehmen. Du lässt dich zu Dingen überreden, bist beeinflussbar."[20]

Mit der Wendung an den Schweizer Arzt vollzieht Alice einen eigenen Schritt und löst sich von ihrer Mutter und damit von nicht durch sie selbst gewählten Lebensvorgaben. Es ist sicherlich als konzeptionell für die experimentelle Anlage des Stücks zu werten, dass der Schritt Alices in die Eigenständigkeit zugleich einer aus ihrem Leben ist, ihr Leben wird damit zur Visualisierung äußerer Abhängigkeitsstrukturen, die als eine mögliche Form der Unmöglichkeit

18 Bärfuss 2007, S. 14.
19 Bärfuss 2007, S. 16.
20 Bärfuss 2007, S. 13–14. Auf die Bedeutung des eingebunden Seins in die Gemeinschaft und der damit einhergehenden Problematik im Hinblick auf die Entscheidung zum Suizid kommt Bärfuss im bereits zitierten Interview zu sprechen, wo er sagt: „Ich glaube einfach, dass es ganz grundsätzlich ein Problem ist, allgemeine Regeln für diesen Fall zu finden oder irgendein System oder einen Formalismus, denn wir leben ja schließlich nicht alleine. No man is a island – also kein Mensch ist eine Insel. Wir leben in sozialen Verflechtungen und in Abhängigkeiten, und deshalb ist eigentlich der frei bestimmte Entschluss, glaube ich, auch ein bisschen Ideologie. Ich glaube nicht, dass es diesen geben kann, oder jedenfalls sollte es ihn nicht geben, denn letzen Endes könnte dann nur ein vollkommen einsamer Mensch auf diese einsame Entscheidung treffen." Vgl. Scholl 2010.

individueller Sinngebung lesbar sind. Die Möglichkeit individueller Sinngebung wird damit an die autonome Übernahme der Verantwortung für die eigene Existenz gekoppelt, die nur mit Blick auf die eigene Vergänglichkeit ins Bewusstsein tritt. Entsprechend deutet der Text die Möglichkeit einer Existenz jenseits von Abhängigkeitsstrukturen an: Nach Alices Entscheidung für den Tod und damit für den Weg aus der Co-Abhängigkeit ihrer Mutter bekommt Alices Leben just in dem Moment einen Wert für sie, als ihr dessen Vergänglichkeit und die damit zusammenhängende Einzigartigkeit bewusst werden, was sich ihr als existenzielle Größe losgelöst von interpersonalen Beziehungen verdeutlicht:

> „Dann habe ich ein Fischbrot gegessen. Das hat richtig Spaß gemacht. [...] Aber bloß, weil es das letzte Mal war. [...] Das letzte Fischbrot. Das war ein vollkommen gewöhnliches Fischbrot mit Zwiebeln, aber es hat geschmeckt wie nie. Und so ist es mit allem. Die Welt ist wie neu. Nichts entgeht mir, nichts ist nebensächlich. Wenn es so bleiben könnte, wie es sich gerade anfühlt. So zum letzten Mal. So verletzlich. Wenn ich jedes Bild noch genau einmal sehen dürfte, jeden Duft nur noch einmal riechen, jedes Aroma bloß noch einmal schmecken. So würde es gehen."[21]

Angesichts des Bewusstseins der eigenen Endlichkeit vermag Alice eine Beziehung zur eigenen Existenz aufzubauen und markiert damit den Moment unmittelbarer Authentizität. Mit den beiden Extremen, der vollkommenen Fremdbestimmung, die hier durch Bedürftigkeit und emotionale Bindung dramaturgisch begründet wird, sowie der absoluten Authentizität, die sich in der Unmittelbarkeit des eigenen Todes erklärt, steckt der Text das Paradigma der individuellen Beziehung zum eigenen Leben und damit der individuellen Sinngebung ab. Zwei Schritte stellen mithin Alices Heilung heraus: das Bewusstsein für die Unausweichlichkeit des eigenen Todes und die Endlichkeit des eigenen Daseins einerseits und die autonome Entscheidung als Ausweg aus fremdbestimmten Strukturen andererseits. Die Diskussion gilt damit gesellschaftlich und kulturell etablierten Lebensinhalten, die konformistische Züge tragen und zugleich die Voraussetzung zur Teilnahme an der Gemeinschaft darstellen. Alice ist es nicht möglich, eine Beziehung zu diesen Größen aufzubauen, weshalb ihr das durch die Gesellschaft – die durch ihre Mutter verkörpert wird – vorgegebene Leben fremd bleiben muss:

> „L.: Es gibt tausend Möglichkeiten. Mach einen Kurs. Einen Sprachkurs. Französisch mochtest du doch. Du wirst Leute kennen lernen. Frauen. Aber auch Männer. A.: Was soll das heißen. L.: Eine Bekanntschaft würde dich auf andere Gedanken bringen. Jemand der dir sagt, dass du hübsch bist. A.: Geh du da hin. [...] L.: Glaubst du an die Unsterblichkeit

---

21 Bärfuss 2007, S. 39–40.

der Seele. A.: Welcher Seele. L.: Deiner Seele. A.: Ich habe keine Seele. L.: Jeder Mensch hat eine Seele. A.: Ich nicht."[22]

Weder sozial-gesellschaftliche Ideen wie eine Liebesbeziehung oder Familiengründung noch spirituelle Konzepte wie Religiosität vermag Alice mit ihrem Leben in Beziehung zu setzen und markiert damit den Anspruch auf eine Übereinstimmung zwischen individuellem Empfinden und sinngebenden Ideen im Kontext des Stückes. Eine entgegengesetzte Position kommt indessen der Figur ihrer Mutter Lotte zu. Während Alice weitestgehend passiv sinngebende Konzepte ablehnt, besteht die Rolle Lottes darin, sich einen Lebenssinn aktiv aufgebaut zu haben. Ähnlich der Figur Gustav Strom begibt sich Lotte freiwillig in die Abhängigkeit einer sinngebenden Größe, für sie ist es die Rolle einer fürsorglichen Mutter, die sie auf ihre Tochter projiziert. Umso alternativloser erscheint mithin ihr eigenes Ende, nachdem ihre Tochter als tragende Sinnkonstitution ihres Lebens wegfällt:

„Natürlich könnte sie noch einige Dinge unternehmen, zu denen sie zuletzt keine Zeit gefunden habe. Natürlich könne sie wegfahren, Freunde treffen undsoweiter, und sie habe es auch versucht, habe Tagesreisen unternommen in die nähere Umgebung. Sei mit dem Bus auf die Kaiserhöhe gefahren, habe Kaffee getrunken, alles schön, alles gut. Sie sei ausgegangen, ins Theater, ins Konzert, aber sie habe nicht gewusst, was sie mit diesen ganzen Eindrücken anfangen sollte, zu Hause, mit sich alleine."[23]

War Alice nicht in der Lage, äußere Lebensinhalte mit ihrem individuellen Empfinden zu vereinbaren und musste aufgrund dieser Fremdheit scheitern, ist es für Lotte umgekehrt nicht möglich, aus ihrer eigenen Existenz heraus ihrem Dasein Sinn zu verleihen. Sie markiert das Moment der im gesellschaftlichen Miteinander, in der Anerkennung und Würdigung durch ein Du bedingten Sinngebung, das losgelöst vom eigenen Individualitätsbewusstsein Abhängigkeitsstrukturen aufweist, wie sie bereits an der Figur Gustav Strom deutlich wurden. Während Strom allerdings an seiner Idee festzuhalten vermag – nicht zuletzt auf Kosten seiner moralischen Integrität – hat Lotte ihren Lebenssinn an eine Person gebunden, mit deren Tod ihm die Basis entzogen wird

---

22 Bärfuss 2007, S. 16-18.Wie Alice fragen zahlreiche weitere Figuren seiner Dramen nach einer inneren Instanz, die ihre Existenz mit Sinn versehen würde, so schildert eine Figur im 2009 am Thalia Theater Hamburg uraufgeführten Stück *Amygdala. Vollständige Fragmente einer unvollständigen Stadt* die Begegnung mit einem wilden Tier, von dem sie ihre eigene innere Leere aufgedeckt sieht: „Es hat mich angesehen. Und ich ihn. Auge in Auge. Er hat direkt in meine Seele gesehen, verstehen Sie, aber da war nichts, er hat mich geschaut, und da wo ich mich vermutete, da war nichts." Ebd., S. 122.
23 Bärfuss 2007, S. 52-53.

Die Einzigartigkeit des Lebens – der Engländer John

Als vierte Position in dieser experimentellen Anlage steht eine Figur, die ihr Dasein aus der schieren Tatsache der eigenen Existenz zu schöpfen vermag und sich
daher für das Leben entscheidet, und es macht die Konsequenz des Dramas aus,
dass diese Figur es zu tun vermag, obwohl sie kurz vor dem unausweichlichen
natürlichen Tod steht: Das Leben des krebskranken Engländers John zeichnet
sich – ähnlich jenem Alices – durch die Abwesenheit jeder Idee aus, ja, es wird
ihm erst angesichts des Todes als eine in sich stimmige Abfolge an Ereignissen
und Bedeutungen klar. John hält sein eigenes Leben für ausnehmend langweilig:
„God, I am boring. I was always boring, and I am still boring. I am going to die
in about ten minutes, and I am still boring.“[24] Auch seine Frau hat seine Teetasse
unmittelbar nach seinem Aufbruch in die Schweiz weggeworfen und damit das
letzte Zeichen seiner Existenz entsorgt.[25] Doch angesichts des eigenen Todes und
der damit ins Bewusstsein tretenden existenziellen Abgründigkeit des eigenen
Daseins erfährt sein Leben einen unverhandelbaren Wert einzig aufgrund der
Tatsache seiner Existenz:„Two more weeks. That's fine. I will take them. I am
scared.“[26] Es bekommt – ähnlich wie für die Figur der Alice – genuine, von außen
nicht zu wertende Bedeutung, die allen äußeren Ideen gegenüber steril bleibt:

> „About my life. I think, the uniqueness of a mans life lies in the details. Millions and
> millions spend their holidays in Blackpool. Millions an[d] millions have a cat. But only
> few take their cats to Blackpool. You know. To show you that my life is unique, I should
> be telling you everything.“ [27]

Hier wird die tiefste Diskrepanz zur Argumentation Gustav Stroms deutlich, der
die Würde von konkreten Lebensumständen abhängig gemacht hatte. Während
sich die selbstgewählten Sinnkonzepte Gustav Stroms oder Lotte Gallos angesichts der Realität als trügerisch erweisen, und in erster Linie die Diskrepanz
zur Sinnlosigkeit der Realität veranschaulichen, bleibt die individuelle Existenz
als letzte tragfähige Konstante bestehen. In diesem Sinne macht das Stück ein
Zugeständnis an existenzialistische Positionen, wie sie Albert Camus zu Beginn
des 20. Jahrhunderts vertreten hatte. In seinem Werk *Der Mythos von Sisyphos*
entwickelt er auf der Basis der „Gegenüberstellung des Menschen, der fragt, und
der Welt, die vernunftwidrig schweigt“, den Begriff des Absurden im Hinblick

---

24 Bärfuss 2007, S. 23.
25 Bärfuss 2007, S. 31.
26 Bärfuss 2007, S. 48.
27 Bärfuss 2007, S. 30.

auf die Realität, der erst angesichts des menschlichen Versuchs, der Welt Sinn zu geben, zum Tragen kommt.[28]

Doch die existenzielle Relevanz, die die Figuren Bärfuss' zum Ausdruck bringen, scheint über die alleinige Tatsache des rebellischen Trotzes angesichts der Absurdität der Welt hinauszugehen. Wenn Alice Gallo von der Einzigartigkeit ihres Erlebens spricht und John über die uniqueness seines Erlebten philosophiert, scheint dies eine qualitative Wertung zu beinhalten, die einzig aus dem individuellen Erleben herrührt, aber darüber hinaus Anspruch auf Relevanz erhebt. Diese Erlebnisse stellen Alice und John als individuell gesetzte Verbindlichkeiten dem Ideal Gustav Stroms entgegen und schaffen damit tragfähige Sinnkonstanten, die sich aus der individuellen Existenz heraus konstituieren.

Auf diese subtile Weise schlägt der Text die Unmittelbarkeit individueller Existenz als Antwort auf die Herausforderung relativistischer und konstruktivistischer Tendenzen der geistigen Moderne vor und stellt den Einzelnen als letzte Möglichkeit einer Verbindlichkeit in den Raum. Einer ähnlichen Argumentation folgt Bärfuss in seinem Vortrag *Freiheit und Wahrhaftigkeit*, wo er an die Übereinstimmung der inneren Anschauung mit äußeren Begriffen das Moment der Freiheit koppelt:

„Wenn Menschen nach Freiheit suchen, dann suchen sie tatsächlich nach Wahrhaftigkeit. Es geht nicht darum, eine Wahrheit zu definieren, sondern um den Anteil der Übereinstimmung zwischen der gedanklichen Begrifflichkeit und dessen, was ich zu sagen in der Lage bin. Je grösser diese Übereinstimmung ist, umso freier wird sich der Mensch fühlen, egal, von welchen Zwängen er tatsächlich beherrscht wird."[29]

Mit dem so konzipierten Freiheits-Begriff wird dem Verhältnis von innerer Anschauung und äußerer Idee eine Gültigkeit und Verbindlichkeit zugesprochen, die sich rein aus der individuell empfundenen Übereinstimmung speist, wodurch der Einzelne als letztgültige Werteinstanz begriffen wird. Mit dieser Konstellation stellt sich Bärfuss in den Kontext gegenwärtiger Diskussionen zur Ethik und Individualität, wie sie etwa durch den kanadischen Philosophen Charles Taylor vertreten wird. Für ihn stellt das Individuum eine Instanz dar, deren grundlegende Fähigkeit zur qualitativen Unterscheidung zwischen besser und schlechter allein

---

28 Camus 1992, S. 29. Diesem Zusammenhang von Sinngebung und Absurdität steht der Suizid, der für Camus das einzige wirklich ernste philosophische Problem darstellt, entgegen, da mit ihm die Sinngebung aufgehoben würde: „Hier sehen wir, wie weit die absurde Erfahrung sich vom Selbstmord entfernt. Man könnte meinen, der Selbstmord sei eine Folge der Auflehnung. Aber zu Unrecht. Denn er stellt nicht deren logischen Abschluß dar. Er ist dank der Zustimmung, die ihm zugrunde liegt, genau ihr Gegenteil. Der Selbstmord ist, wie der Sprung, die Anerkennung ihrer Grenzen." Ebd. S. 49.
29 Bärfuss 2012.

die Basis für die Erzeugung von Verbindlichkeiten gewährleistet, wodurch dem Einzelnen in seiner Fähigkeit zum Guten eine bislang kaum in dieser Form gesehene ethisch-moralische Bedeutung zukommt:

> „Ich für meinen Teil möchte für die kühne These eintreten, daß es für uns völlig unmöglich ist, ohne Rahmen auszukommen. Anders formuliert, der Horizont, vor dem wir unser durch ebendiesen Horizont verständlich gemachtes Leben führen, muß solche starken qualitativen Unterscheidungen umfassen. Meine Behauptung ist überdies nicht so gemeint, als handelte es sich bloß um ein zufällig für menschliche Wesen geltendes psychologisches Faktum, von dem sich eines Tages vielleicht herausstellen könnte, daß es auf einen einzelnen Ausnahmemenschen oder auf einen neuen Typus – einen Übermenschen der desengagierten Objektivierung – nicht zuträfe. Vielmehr besagt die These, es sei konstitutiv für menschliches Handeln, daß man sein Leben innerhalb eines derart durch starke qualitative Unterscheidung geprägten Horizonts führt. Ein Überschreiten dieser Grenzen wäre gleichbedeutend mit dem Verlassen eines Daseins, das nach unseren Begriffen noch das einer integralen, also unversehrten Person ist."[30]

Die ethische Verbindlichkeit in der Existenz selbst erweist sich als entscheidend in Bärfuss' komplexem Stück, das den Wert des Lebens nicht in dessen Erleichterung veranschlagt, sondern als Herausforderung angesichts der eigenen Existenz begreift. In dieser Verpflichtung jenseits lebensfüllender Sinnkonzepte scheint zugleich das Moment der Freiheit und Autonomie zu liegen, das Camus' Position der Absurdität des Lebens zugleich eine befreiende Komponente abzugewinnen vermag.

Ohne verbindliche Wertevorgaben ist es an den Figuren, die Lücke zu füllen, was sie jeweils unterschiedlich realisieren. Lotte Gallo, Gustav Strom oder seine Assistentin Eva verschreiben sich individuell gewählten Sinninhalten, angesichts derer ihnen ihre Existenz früher oder später sinnlos erscheinen muss, was Lotte in den Tod, Eva von einem Inhalt zum nächsten und Gustav Strom in selbstüberschätzende Illusion führt. Alice und John hingegen verkörpern die grundsätzliche Abwesenheit von Sinn, mit der sie ihr Leben einzig aus seiner Sterblichkeit heraus für einen kurzen Moment als individuell und einzigartig begreifen.

Literaturverzeichnis

Bähr/Medick 2005 – Bähr, Andreas/Medick, Hans (Hrsg.): Sterben von eigener Hand. Selbsttötung als kulturelle Praxis. Köln u. a.

Bärfuss 2007 – Bärfuss, Lukas: Alices Reise in die Schweiz. Die Probe. Amygdala. Göttingen.

---

30 Taylor 1996, S. 54–55.

Bärfuss 2012 – Bärfuss, Lukas: Freiheit und Wahrhaftigkeit. Vortrag, gehalten am Gottlieb Duttweiler-Institut, Rüschlikon, 2. Februar 2012. Transkript der mündlichen Rede, überarbeitet und leicht gekürzt. http://www.schauspielhannover.de/schauspiel/uploads/Schauspiel-Hannover_heft_nr13_WEB_klein.pdf (Stand: 18. 01. 2015)

Bärfuss 2014 – Bärfuss, Lukas: Koala. Göttingen.

Benzer 2008 – Benzer, Knut: Das Geschäft mit dem Tod. Sterbehilfe in der Schweiz. Deutschlandfunk – Gesichter Europas, 05. 07. 2008. http://www.deutschlandfunk.de/sterbehilfe-ein-geschaeft-mit-dem-tod.1773.de.html?dram:article_id=303024, (Stand: 31. 12. 20014)

Blamberger / Goth 2013 – Blamberger, Günter / Goth, Sebastian (Hrsg.): Ökonomie des Opfers. Literatur im Zeichen des Suizids, München. (= Morphomata. 14)

Camus 1992 – Camus, Albert: Der Mythos vom Sisyphos. Ein Versuch über das Absurde. Mit einem kommentierenden Essay von Liselotte Richter. Deutsch von Hans Georg Brenner und Wolfdietrich Rasch. Hamburg. (Frz. Original: Le Mythe de Sisyphe, 1942).

Carroll 1865 – Carroll, Lewis: Alice's Adventures in Wonderland. With fortytwo illustrations by John Tenniel. London.

Dürrenmatt 1998 – Dürrenmatt, Friedrich: Theaterprobleme. In: Ders.: Theater. Essays, Gedichte und Reden. Werkausgabe in siebenunddreißig Bänden, Bd. 30. Zürich, S. 31–72.

Frohnmeyer 2006 – Frohnmeyer, Karin: „Doktor Tod" verkauft seine Argumente wie ein Autohändler. In: Ärztezeitung, 17. März 2006. http://www.aerztezeitung.de/panorama/article/396846/doktor-tod-verkauft-argumente-autohaendler.html (Stand: 31. 12. 2014)

Mathwig 2009 – Mathwig, Frank: Luxus Sterben? Zur aktuellen Kontroverse um Suizidhilfe und Sterbebegleitung, als Vortrag Spitex-Dienste Dietlikon, am 29. Juni 2009 gehalten. http://www.kirchenbund.ch/sites/default/files/media/pdf/mitarbeiter/Mathwig/Luxus-Sterben.pdf (Stand: 31. 12. 2014).

Mettler / Lippuner 1982 – Mettler, Heinrich / Lippuner, Heinz (Hrsg.): ‚Tell' und die Schweiz – die Schweiz und ‚Tell'. Ein Schulbeispiel für die Wirkkraft von Schillers ‚Wilhelm Tell', ihre Voraussetzungen und Folgen. Thalwil und Zürich.

Nietzsche 1999 – Nietzsche, Friedrich: Kritische Studienausgabe. Hrsg. Giorgio Colli und Mazzino Montinari. Berlin und New York. Bd. 3. (Neuauflage).

Schlienger 2005 – Schlienger, Alfred: Beim Sterben helfen? ‚Alices Reise in die Schweiz' von Lukas Bärfuss in Basel uraufgeführt. In: Neue Zürcher Zeitung, vom 7. 3. 2005. http://www.nzz.ch/aktuell/startseite/articleCN8MG-1.103262 (Stand: 31. 12. 2014).

Scholl 2010 – Scholl, Joachim: Sterbehilfe auch für Gesunde? Autor Lukas Bärfuss kritisiert niederländische Initiative, 24. Juni 2010. http://www.deutschlandradiokultur.de/sterbehilfe-auch-fuer-gesunde.954.de.html?dram:article_ id=145391 (Stand: 31. 12. 2014).

Taylor 1993 – Taylor, Charles: Multikulturalismus und die Politik der Anerkennung. Mit Kommentaren von Amy Gutmann (Hrsg.), Steven C. Rockefeller, Michael Walzer, Susan Wolf. Mit einem Beitrag von Jürgen Habermas. Aus dem Amerikanischen von Reinhard Kaiser. Frankfurt/M. (engl. Original: Multiculturalism and ‚The Politics of Recognitaion‘ 1992).

Taylor 1996 – Taylor, Charles: Quellen des Selbst. Die Entstehung der neuzeitlichen Identität, Frankfurt/M. (engl. Original: Sources of the self. The Making of the Modern Identity. 1992).

Joanna Gospodarczyk (Kraków)

Martin Crimps Drama
In the Republic of Happiness.
Ein Deutungsversuch im Hinblick auf die Frage
des zeitgenössischen Individualismus

I.

In the Republic of Happiness [*In der Republik des Glücks*] – diesen Titel trägt eines
der neusten Theaterstücke vom immer öfter in Deutschland inszenierten britischen Dramatiker Martin Crimp. Der Text wurde 2012 in England veröffentlicht
und erschien in der deutschen Übersetzung von Ulrike Syha 2013 im Rowohlt
Theaterverlag. Das Stück wurde bereits auf der Bühne des Thalia Theaters in
Hamburg und des Deutschen Theaters in Berlin aufgeführt. Der 1956 geborene
englische Dramatiker wurde schon durch frühere Stücke u. a. *Angriffe auf Anne,
Alles weitere kennen Sie aus dem Kino* auf deutschen Bühnen bekannt. Die letzte
Inszenierung auf der Bühne des Deutschen Schauspielhauses in Hamburg brachte
ihm den Titel des besten ausländischen Autoren der Saison 2013/2014 („Theater
Heute"). Crimp schreibt seit 1997 für das Royal Theatre in London, übersetzt
u. a. aus dem Deutschen, *Groß und Klein* von Botho Strauß. Er ist einer der Autoren, die aus der neuen postdramatischen Tradition schöpfen und sie auf den
britischen Bühnen gestalten.

In seinem Drama *In the Republic of Happiness* spielt Martin Crimp mit verschiedenen Möglichkeiten der Darstellung von Individuen: im Kreis der Familie, in
der Konfrontation mit sich selbst, in Zweierexistenz in einem imaginierten Staat.
Die Darstellung diagnostiziert präzise bedeutungsvolle Aspekte und Probleme
des heutigen Individuums. Die dramatische Narration ist von Ironie, Brutalität,
Ernsthaftigkeit der Aussagen gekennzeichnet. Die eher sparsame aber aussage-
kräftige Sprache des Stücks, die formale Diversifizierung und vielschichtige Pro-
blematisierung konstruieren einen interessanten, neudramatischen Theatertext,
der im Folgenden näher betrachtet wird.

Individualismus erscheint als Leitthema des Dramas von Martin Crimp, was
er auch selbst in den unten aufgeführten Zitate der Interviewfragmenten betont. Der Dramatiker baut sein Stück auf der Idee des Individualismus auf und
zeigt das Individuum in unterschiedlichen gesellschaftlichen Situationen, dabei

unterstreicht er einen „sanft satirischen" Charakter seines Textes, worauf noch später eingegangen wird.

> „Obwohl ich meine Stücke eigentlich nie aus großen Ideen entwickle, konnte ich nicht umhin zu bemerken, dass sich in diesem Satzstrom alles um unser heutiges Verständnis von Individualität dreht. Eine Regel schälte sich heraus! Also arbeite ich weiter mit dem Thema Individualismus, ich widme mich dem Topos Familie, in die ein Individuum zerstörerisch einbricht – für den ersten Teil. Für den dritten überlege ich, wie ein Staat aussehen könnte, der nur aus 2 Menschen besteht, was passiert, wenn das Individuum zum Staat wird. Über diese Regel nahm „In der Republik des Glücks" langsam seine sanft satirische Form an."[1]

Crimp lotet die Frage nach dem Individuum aus, in dem er die sozialpsychologische Realitätsanalyse der Gegenwart kommentiert.

> "What is it about our society that makes us feel angry and vulnerable even when we are materially prosperous? Is it the lie of self-authorship? – because the US / UK model of laissez-faire liberalism insists that individuals are entirely responsible for their own destiny – while at the same time fabricating needs which – notoriously – can never be met. These voices were the starting point for this play."[2]

Der vorliegende Beitrag soll einen Versuch darstellen, den in dem Theaterstück thematisierten Individualismus im Hinblick auf die Poetik des Stückes zu betrachten und mit einigen Aspekten der zeitgenössischen, soziologischen Perspektive zu konfrontieren. Die Aufmerksamkeit wird überwiegend dem zweiten Teil des Dramas gewidmet, der durch seinen ungewöhnlichen Aufbau ein breites Feld für Interpretationen eröffnet.

Der Frage nach dem Individualismus und Individualisierung gehen Philosophen, Soziologen, Psychologen nach. Die soziologische Perspektive, repräsentiert durch zeitgenössische Wissenschaftler wie Ulrich Beck, Zygmunt Bauman, Jean Baudrillard, welche die postindustrielle oder postmoderne Gesellschaft beschreiben, ist in diesem Kontext relevant, da die im Text des Dramas aufgegriffenen Ideen mit den soziologischen Interpretationen der oben genannten Autoren korrespondieren können.

Der Prozess der Individualisierung wird in der modernen Soziologie als Wandel des Verhältnisses zwischen dem Individuum und der Gesellschaft dargestellt. Es ist eine Vergesellschaftungsform, die durch soziale Differenzierung

---

1 Theater Heute, Januar 2014, H. 1, S. 34.
2 http://www.aestheticamagazine.com/blog/interview-with-martin-crimp-writer-of-in-the-republic-of-happiness/(zuletzt abgerufen am 15.12.2014)

und Rationalisierung erzeugt und getragen wird.[3] Norbert Elias und Ulrich Beck begreifen Individualisierung als „eine Freisetzung aus den traditionellen Bindungen, Lebensformen, Abhängigkeiten, Sicherheiten und Deutungsmustern"[4]. Anders gesagt, es erfolgt ein Prozess der Enttraditionalisierung, der zu größerer Vereinsamung der Menschen in der Gesellschaft führen kann. Vergesellschaftung geschieht nicht mehr durch Gruppen sondern durch Individuen. Freisetzung der traditionellen Bindungen verursacht im zweiten Schritt eine Steigerung der persönlichen Autonomie, gibt Möglichkeit der Selbstbestimmung, Handlungs- und Entscheidungsfreiheit.[5] Die Bedingungen dazu, so Beck, schaffen solche Faktoren wie mehr Freizeit, Mobilität, Ausbildung, mehr Geld.[6]

Die von Ironie geprägten Repliken der Figuren des Dramas von Crimp schaffen verzerrte, überzeichnete Visionen von Individuen, die jedoch solche Tendenzen des Individualismus offen legen, die auf: Egozentrik, täuschende Vorstellungen von Freiheit, ungesättigten Konsumdrang hinauslaufen.

II.

Der Untertitel des Dramas lautet „an entertainment in three parts" und ist eine Vorausdeutung auf den satirischen Charakter der Handlung. Das Lachen vermischt sich mit ernsthaften, bitteren Beobachtungen, welche die besondere Poetik des Stückes zum Ausdruck bringen.

„Der erste Teil von Martin Crimps neuestem Stück ist ein hochpotenziertes Familienfiasko, das sämtliche Lügen und Leichen im privaten Keller ohne Umschweife zum Tanzen bringt."[7], informiert die Internetseite des Deutschen Theaters in Berlin.

Tatsächlich lernen wir im ersten Teil des Stückes unter dem Titel *Destruction of the family [Zerstörung der Familie]* eine 3-Generationen Familie beim festlichen Abendessen am Weihnachtsabend kennen. Streit, Eifersucht auf die Geschenke bestimmen die Beziehung der zwei erwachsenen Töchter (Debbie und Hazel). Die zynische Haltung von Hazel wird durch einen Vorschlag zur Abtreibung der ungewollten Schwangerschaft ihrer Schwester ausgedrückt. Auch die Beziehung zwischen der Mutter (Sandra) und der Großmutter (Margaret) weist auf Mangel

---

3   Ebers 1995, S. 343–344.
4   Ebd., S. 344.
5   Ebd., S. 346.
6   Beck 1986, S. 121ff.
7   http://www.deutschestheater.de/spielplan/spielplan/republik_des_gluecks/Stand 28.11.2013 (zuletzt abgerufen am 15.12.2014)

an Respekt. Ihre Art miteinander zu sprechen ist gekennzeichnet durch Ironie, vorgetäuschte Höflichkeit und Kindisch-sein. Der Großvater (Terry) wird von den Frauen in der Familie als seniler Mann gesehen, der sich von seiner Frau pornografische Zeitungen besorgen lässt. Der Großvater und sein Sohn Tom verachten sich, machen sich gegenseitig Vorwürfe über die vergeudeten Chancen ihrer Karrieren. Die Spannung zwischen ihnen wird durch ihre Schwerhörigkeit ad Absurdum gebracht. In diese schon angespannte Atmosphäre tritt Onkel Bob. Er verlässt mit seiner Frau Madeleine das Land und bekommt von ihr den Auftrag den ganzen Hass, den sie gegenüber der Familie verspürt auszusprechen. Das Leben von jedem einzelnen Mitglied der Familie wird von der Frau als überflüssig und falsch beurteilt. Sie verachtet alle und wünscht allen den Tod. Das unerwartete Erscheinen von Madeleine in der letzten Szene und ihre überlegene, verachtende Haltung bestätigt ihre feindliche Einstellung zu den Familienangehörigen. Schließlich verspottet und erniedrigt sie auch ihren Mann.

Die Kommunikation der Figuren bricht oft auseinander, die Protagonisten reden aneinander vorbei, konzentrieren sich auf die Durchsetzung eigener Interessen. Neben den belanglosen Gesprächen wird um Geld und Besitz der materiellen Güter und was damit verbunden ist um die Position in der Familie und Gesellschaft gestritten. Das Kaschieren eigener Unzulänglichkeit jedes Familienmitgliedes wird durch gegenseitige Vorwürfe demaskiert. Die von Bob ausgesprochenen brutalen Urteile bilden eine Steigerung der Kritik. Die Brutalität erscheint so übertrieben mit den Tod- und Zerstörungsvisionen, dass sie absurd wirkt. "[…] [she] wants to take your head, Sandra, between her two hands and bang it against wall – horrid, horrid – yes bang my own sisters head – fact – repeatedly against a wall until what she calls your your your your *teeth* – yes – break in your mouth."[8] Madeleine verkörpert mit ihrer überzeichnet dominanten und selbstbewussten Persönlichkeit ein Bild eines Individuums, das keine Bindungen an andere Menschen braucht.

Im zweiten Teil betitelt *The five essential freedoms of the individual [Die fünf Grundfreiheiten des Individuums]*, in dem keine Handlung im eigentlichen Sinne stattfindet, wird der Zuschauer mit fünf mehrstimmigen Aussagen konfrontiert. Die, als Montage präsentierten Aussagen deuten auf illusorische Wirkung der Freiheiten, worauf im nächsten Teil genauer eingegangen wird.

---

8   Crimp 2012, S. 25, deutsche Fassung: „sie möchte deinen Kopf, Sandra, in ihre beiden Hände nehmen und ihn gegen die Wand schlagen – furchtbar, furchtbar – ja, den Kopf meiner eigenen Schwester – ist so – wieder und wieder gegen die Wand schlagen, bis deine, wie sie es nennt, deine, deine, deine *Zähne* – ja – in deinem Mund zersplittern." Crimp 2014, S. 7.

Der dritte Teil trägt denselben Titel wie das Stück, er spielt in einem imaginierten Staat (Republik des Glücks), wo Onkel Bob und Madeleine regieren. Ein Hinweis auf eine andere, „bessere" Welt gibt das als Untertitel angeführte Zitat aus dem I. Kapitel von „Paradiso" der *Göttlichen Komödie* von Dante. Es ist Madeleines Vorstellung einer besseren Welt, wo sie, ohne Mühe und Konsequenzen sich Anderen anpassen zu müssen, ihre autoritären Ideen realisieren kann. Bob wird von seiner Frau wie ein Sklave behandelt. Er ist in völlige Abhängigkeit zu Madeleine geraten, hat Angst von ihr verlassen zu werden. Die Handlung wird in der Ästhetik einer Computerwelt präsentiert und endet mit einem primitiven Song, dessen Singen Madeleine von Bob erzwingt. Es ist der „100% Happy Song", der das herrschende Glücklichsein allen virtuellen Bürger einprägen soll. Die von gegenseitiger Abhängigkeit und Gewalt bestimmte Beziehung der Beiden muss aber nach den Regeln von Madeleine geführt werden. Die ständig auseinanderbrechende Kommunikation besteht aus dem Abfragen Bobs und Vorsagen seiner Reaktionen von Madeleine. Er wird eingeschüchtert, scheint die Fragen seiner Frau nicht zu verstehen, sein Stammeln und Vergessen bezeugen seine unterwürfige Haltung, sind aber auch ein Ausdruck seines Scheiterns nach einem tieferen Sinn zu suchen. Die beiden bleiben in ihren Rollen und in der absurden Situation, Madeleine beherrscht von ihrer Machtgier und Bob beherrscht von Angst nicht verlassen zu werden. Es entsteht keine Chance für Befreiung oder Zurückkommen aus dem von Madeleine kreierten „Paradies".

Die im III. Teil am Beispiel von Madeleine gezeichnete Vision des Individuums, ist eine Steigerung der aus dem I. Teil. Die Ichbezogenheit und Selbstbestimmung wird mit Herrschsucht ergänzt. Die von ihr entworfene Republik funktioniert nur in begrenztem Rahmen, den sie kontrollieren kann. Das Individuum ist nicht mehr vergesellschaftet, kann nur in der von ihm geschaffenen Ordnung funktionieren.

Die dargestellten Ich–Entwürfe der einzelnen Figuren des Stücks deuten auf hierarchische und materialistische Orientierung. Die zusammenbrechende Kommunikation basiert auf Verurteilung des Anderen oder Äußerung der eigenen Dominanz, was in Angst und Gewaltphantasien zum Ausdruck kommt.

III.

Die formale Konstruktion des zweiten Teiles des Theatertextes steht im Gegensatz zu den anderen Teilen, sie entzieht sich den dramatischen Prinzipien der Narration und Figuration. Der Nebentext, der die Situation annähern könnte, wird hier ausgelassen. Die Texte bestehen aus mehreren meistens kürzeren Aussagen, die jeweils mit Gedankenstrichen anfangen. Die Repliken sollen, laut der

Figurenbestimmung von allen in dem ersten Teil auftretenden Figuren gesprochen werden. Die Figuren werden in den Regieanweisungen nur in Bezug auf
ihr Geschlecht und Alter differenziert. Die Reihenfolge der Sprecher im Text des
zweiten Teils bleibt unbestimmt. Aufgrund dieser Unbestimmtheit entsteht eine
Art Collage, in der die Aussage im Vordergrund steht. Crimp öffnet dadurch ein
Wirkungspotential seines Stückes und lässt damit eine Reihe formaler Interpretationen und Inszenierungen auf der Bühne zu. Genauer erläutert diesen Prozess
Janine Hauthal in ihrem Buch „Metadrama und Theatralität". „Diese Absage an
die zwei zentralen dramatischen Prinzipien Figuration und Narration generiert
im Prozess der Lektüre ein metatheatrales Funktionspotential: Die Störung der
intermedialen Rezeptionsillusion, die aus den vergeblichen Versuchen resultiert,
die Sprecher zu Figuren und die Abfolge der Repliken zu einer Narration zu syn-
thetisieren, macht Rezipienten auf ihre konventionell dramatischen Erwartungen
und Strategien bei der Lektüre von Theatertexten aufmerksam."[9]

Für den Leser ist diese Metareflexion zu der Frage der Figuren, Ein- oder Mehr-
stimmigkeit bei der Realisation der „Collage" viel stärker, da die Inszenierung
durch Besetzung der Rollen diese Unbestimmtheit nivelliert.[10]

Der Text übernimmt in diesem Teil des Dramas die Hauptrolle. Die Figuren
entstehen oder erfinden sich im Moment des Sprechens und durch die Stimme.
Was alle fünf Freiheiten verbindet, ist die Tatsache, dass alle Ich-bezogen sind und
fünf intime Bekenntnisse bilden. Die Stimmen berichten über sich selbst, eigene
Erfahrungen, sie charakterisieren sich selbst. Die Aussagen werden meistens im
Präsens, in Aktivform formuliert, sie unterstreichen die Aktualität des Gesche-
hens, Aktivität und Bestreben des Sprechers. Es gibt keinen Hinweis darauf, dass
die dargestellten Situationen aufgeführt werden, folglich beziehen sie sich auf
die außertheatrale Wirklichkeit. Das heißt auf der Bühne wird ein Effekt von
gegenwärtiger, narrativer Illusion erzeugt, die aber Bezug auf Erfahrungen, die
früher passierten, nimmt. Das performative Potential der Sprache wird im Drama
hervorgehoben und zum Ausdruck gebracht.

Vier der Fünf Freiheiten bestehen aus Aussagen in der Ich-Form. Es sind kons-
tatierende Aussagen, manchmal Forderungen, die an eine oder mehrere Personen
gerichtet sind, worauf Pronomen „you" und bestätigende Partikeln wie „okay"
deuten. Die Aussagen bleiben aber ohne Antwort, was die Rolle des Empfän-
gers der Feststellungen auf den Leser/Zuschauer richtet. Die Stimmen versuchen
manchmal eine Art der Interaktion mit dem Rezipienten anzufangen, darauf hin

---

9 Hauthal 2009, S. 291.
10 Vgl. Hauthal, S. 291.

deuten Imperativsätze, welche eine Antwortherausfordern: „Don't you try telling me…", „Fuck off if you don't like the way I speak", „You think my life doesn't make sense?" Manchmal bestehen die Aussagen aus mehreren Sätzen, manchmal nur aus einem Wort der Bestätigung oder Verneinung.

Es scheint auch, dass innerhalb des Textes eine Art von graphischer Deutung von dem Autor vorgenommen wurde. Manche Worte werden kursiv geschrieben (in deutscher Übersetzung werden an manchen Stellen statt von Kursiv große Buchstaben eingesetzt), womit die Bedeutung hervorgehoben, stärkerer akzentuiert wird, z. B. „I take Dad's hearing aid and smash it *like this*! Between two bricks".[11]

Die Aussagen sind als eine Kette von Wiederholungen aufgebaut. Das Ende der einen Aussage wird meistens in der nächsten und übernächsten wiederholt und ausgebaut. Dadurch entsteht ein Eindruck von Verschmelzung der Stimmen, wiederholtem Sich-im-Kreise-drehen.

Die Aussagen werden unterschiedlich stilisiert. Manche klingen pathetisch, manche satirisch, dann wieder ernst, vulgär, pervers. Vier der Monologe werden mit einem satirischen Song beendet, der eine Wiederholung der Aussagen bildet.

IV.

Der zweite Teil des Dramas bezieht sich direkt auf verschiedene Freiheiten, welche Individuen beanspruchen. Sie werden Grundfreiheiten genannt, was eine Anknüpfung an die Europäische Konvention zum Schutz der Menschenrechte und Grundfreiheiten, die „die Grundlage von Gerechtigkeit und Frieden in der Welt bilden"[12] sein soll. Die dargestellten Freiheiten des Individuums verbergen aber indirekt andere ambivalente Bedeutungen, die die Freiheiten parodieren und ihre negative Seite zeigen.

Die erste der Freiheiten ist „das Schreiben des Scripts des eigenen Lebens" („The freedom to write the script of my own life"). Die Aussagen in diesem Abschnitt unterstreichen sehr deutlich die Möglichkeit der Selbsterfindung des Menschen. Die Hartnäckigkeit der Stimme wird mit häufigen Wiederholungen ausgedrückt, als ob die Aussagen bei den Hörenden und vielleicht vor allem auch bei den Sprecher richtig eingeprägt werden sollten, um von seiner Einzigartigkeit zu überzeugen.

---

11 Crimp 2012, S. 43, deutsche Fassung: „Ich nehme das Hörgerät meines Vaters und zertrümmere es, UND ZWAR SO! mit zwei Backsteinen." Crimp 2014, S. 11.

12 Konvention zum Schutze der Menschenrechte und Grundfreiheiten in der Fassung des Protokolls Nr. 11, http://conventions.coe.int/Treaty/ger/Treaties/Html/005.htm

"- I write the script of my own life. I make myself what I am. This is my unique face – and this is my unique voice. Nobody- listen – speaks the way I do now. Nobody looks like me and nobody- I said listen – nobody can imitate this way of speaking."

Und weiter:

"- ... I make myself what I am: I'm free – okay? – to invent myself as I go along."[13]

Die Stimme legt sehr großen Wert darauf, dass es keine Einflüsse von anderen Skripten oder den eigenen Eltern gibt. Das Individuum kontrolliert sein eigenes Leben, entscheidet über eigene Tätigkeiten, über sein eigenes Aussehen. Es ist eine unwirkliche, verzerrte Vision der Unabhängigkeit, die durch Aggression der Stimmen und Beschreibungen zerstörerischer Vorhaben (der Vernichtung von Haushaltsgeräten) lächerlich gemacht wird. Die negative Freiheit offenbart sich in der vertretenen Ideen der Abgrenzung von fremden Einflüssen, Überzeugung von eigener Einzigartigkeit und Entwurf des eigenen Lebensweges. Diese, im Drama als ambivalent dargestellte und an manchen Stellen parodierte Idee wird in dem zeitgenössischen soziologischen Diskurs als eine Änderung in der zunehmend individualistischen Gesellschaft wahrgenommen. Wie Ulrich Beck bemerkt, tritt Individuum selbst an die Stelle von Gott, Natur und System.[14]

Als weiterer Punkt erscheint in der Textcollage die Stilisierung auf die virtuelle Computerwelt, in der alle Vorgänge gelöscht, gespeichert, neu aufgerufen werden können.

" – You think my life doesn't make sense? You think I have what? I've forgotten my own password?
  – You seriously think I can't open the document of my own life?-
  – Wrong!
  – can't change what I like? – can't delete whatever I like?
  – Wrong!

---

13 Crimp 2012, S. 41, deutsche Fassung: „Ich schreibe das Skript meines eigenes Lebens. Ich mache mich zu dem, was ich bin. Das hier ist mein einzigartiges Gesicht – und das meine einzigartige Stimme. Niemand – hören Sie – spricht so wie ich jetzt. Niemand sieht aus wie ich, und niemand – ich sage, hören Sie – niemand kann diese Art zu sprechen nachahmen."
    -„Ich mache mich zu dem, was ich bin: ich habe die Freiheit – okay? – mich in jeder Sekunde selbst zu erfinden." Crimp 2014, S.10.
14 Beck 1994, S. 20.

– You seriously think I can't delete my own parents or alter the way I look? You seriously think I can't make changes to my own body and save them?"[15]

Durch die Befehle der für Windows charakteristischen Sprache nimmt das Schreiben des Skripts des eigenen Lebens einen wortwörtlichen Bezug auf Bearbeitung eines Dokuments im Computer. Die Bindung an die Realität löst sich. Mit dem Abschnitt entsteht eine Metapher der immer stärker technisierten Welt, in der die Kommunikation sich auf die virtuelle Ebene verschiebt, wo man zwischen unterschiedlichen zur Verfügung gestellten Optionen wählen kann, die Verantwortung und Konsequenzen nicht greifbar sind. Die Aussagen durchdringt eine Art Aggression und Besessenheit, die aber durch den Verlust von Realitätsbezug und das Anreden eines unbestimmtes „you" eine komische Wirkung annimmt.

Die zweite Freiheit, betitelt im Stück „The freedom to separate my legs (it's nothing political)" [Die Freiheit, meine Beine breit zu machen (das ist nichts Politisches)] thematisiert die Grenzen der Abhängigkeit und Kontrolle des Bürgers durch den Staat.

Das sprechende Individuum unterstreicht die Wortwörtlichkeit seiner Aussagen:

" – I mean what I say I mean: I mean I am happy to separate my legs – look.
– (…)
– I don't want to cause trouble at the airport: I raise my arms, I separate my legs, I let myself be searched. The longer I'm searched, the safer I feel. Plus I'm happy to queue: it's logical."[16–]

---

15 Crimp 2012, S. 44, deutsche Fassung:
– „Sie denken, mein Leben ergibt keinen Sinn? Sie denken, ich habe was? Mein eigenes Passwort vergessen?
– Sie denken, ich kann das Dokument meines eigenen Lebens nicht öffnen?-
– FALSCH
– Darin nicht ändern, was mir gefällt? – nicht löschen, was mir gefällt?
– FALSCH
– Sie denken ernsthaft, ich kann meine eigenen Eltern nicht löschen oder mein Aussehen verändern? Sie denken ernsthaft, ich kann an meinem eigenen Körper keine Änderungen vornehmen und sie abspeichern?" Crimp 2014, S. 11.
16 Crimp 2012, S. 47–48, deutsche Fassung:
– „Ich meine, das Gesagte ist das Gemeinte: Ich meine, ich mache gerne die Beine breit – hier schauen Sie.
– (…)
– Ich will am Flughafen keinen Ärger machen: Ich nehme die Arme hoch, ich mache die Beine breit, ich lasse mich durchsuchen. Je länger ich durchsucht werde, desto sicherer fühle ich mich. Und ich warte gerne in der Schlange: Das ist logisch." Crimp 2014, S. 11.

Die Aussagen bilden eine Kette ironischer Feststellungen, sie bedeuten also trotz Versicherungen ihrer Wortwörtlichkeit und Verneinungen des Doppelsinnes das Gegenteil. Auf eine ironische Weise kommuniziert das Individuum eine erschreckende Situation, in die sich die Gesellschaft selbst gebracht hat. Im Vordergrund der Repliken stehen Macht und Möglichkeit des Eingriffs in das Leben der Bürger und ihre Überwachung durch den Staat.

" – Cheese scans – deep scanning of my eyes plus click to explore my bank account plus click to identify my date of birth and current regime of drugs – I've nothing to hide."[17]

Absurde Beschreibungen mischen sich im Text mit realistischen, was gleichzeitig den Eindruck der Komik und Ernsthaftigkeit, Entspannung und Beunruhigung entstehen lässt. Die Freiheit des Individuums ist illusorisch und scheint unter Vorwand von Sicherheit sich in eine neue Art der Abhängigkeiten zu verwandeln.

Weiterhin wird ein Allheilmittel für alle Probleme dargestellt, die das Verabreichen von vielfältigen Medikamenten ist. Sie retten jede unkomfortable Situation, z. B. die im Text angeführten Versuche der Abwehr gegen Kontrollmaßnahmen; sie können sogar die intellektuelle Leistung erhöhen. Dieses wird am Beispiel eines Kindes aus der Perspektive der Mutter präsentiert.

– "yes how calm he is now after the pink syrup – how intelligent after the one-hundred-milligram capsule – *plus* he's begun to read –
– can pick out the names of chemicals and chemical manufacturers – can recognise the word drowsiness, can spell the word discolouration. […]."[18]

Einige Aspekte dieser ad Absurdum geführten Darstellungen der Freiheit werden durch die gegenwärtige Soziologie untersucht. Wie ein polnischer Soziologe Kazimierz Krzysztofek bemerkt, wird der Begriff der Ordnung in den Begriff der Kontrolle und Überwachung getauscht, wobei die letzten zusammen mit dem Wachstum der Freiheit steigen. Die Tendenzen zur Nummerierung, Darstellung

---

17 Crimp 2012, S. 50. Deutsche Fassung:
„-Käse-Scans – Tiefscans meiner Augen, und mit nur einem Klick ist mein Bankkonto durchleuchtet, und mit nur einem Klick ist mein Geburtsdatum bestimmt und mein aktueller Medikamentenkonsum – ich habe nichts zum verbergen." Crimp 2014, S. 12.
18 Crimp 2012, S. 51, deutsche Fassung:
– „-ja, wie ruhig es jetzt ist nach dem rosanen Saft – wie intelligent nach der 100-Milligramm-Kapsel – und es hat angefangen zu lesen-
– -kann die Namen von Chemikalien und von Chemiekonzernen erkennen – kann das Wort Benommenheit entziffern, das Wort Verfärbung buchstabieren." Crimp 2014, S. 13.

sämtlicher Vorgänge in Zahlen, ständiger Überprüfung und Modifizierung eigenes Lebens gewinnen immer größere Popularität.[19]

Die dritte Freiheit trägt den Titel „The freedom to experience horrid trauma" [Die Freiheit, ein furchtbares Trauma zu erleiden]. Die Aussagen kann man in zwei Teile gliedern. Die ersten sind in der Form vom Imperativ an eine andere Person gerichtet. Es sind zum Teil schreckliche Forderungen, die das Individuum stellt. Ein großer Teil davon kann Trauma-Erlebnisse bedeuten z. B.: *Terrorise me, abduct my child.* Andere beziehen sich auf die sexuellen Begierden, Vergnügen, Ängste um Gesundheit, begehrenswertes Aussehen. Zwischendurch erscheinen unerwartet auch solche, die lächerlich sind, und durch die unübliche Zusammensetzung mit ernsthaften Problemen die ganzen Repliken als eine Art Parodie darstellen, z. B.: *surprise my with dementia on my birthday, or with a lively kitten. Make me pregnant.*[20] Alle diese Stimmen geben den Eindruck vom Durcheinander, die unpassende Zusammenstellung der Forderungen erzeugt ein unwahrscheinliches Chaos. Der zweite Teil ist ein Bekenntnis eines traumatisierten Individuums. Die Sätze fangen immer mit dem Pronomen *My* an und benennen irgendwelche negativen Erfahrungen, die manchmal wiederholt und addiert werden. Zum Schluss werden die Aussagensimultan aufgeführt. Einerseits ist es ein Rufen nach einer Rettung und Therapie, andererseits eine Forderung nach Geschlechtsverkehr. Die formalen Konstruktionen der Aussagen und ihre mal ernste, mal unwahrscheinliche Bedeutung bilden für den Rezipienten eine Dissonanz zwischen Parodie und Ernsthaftigkeit, bei der ihm das Lachen vergeht.

Die vierte Freiheit lautet „The freedom to put it all behind me and move on" [Die Freiheit, alles hinter mir zu lassen und ein neues Kapitel aufzuschlagen] und wird in der Form vom therapeutischen Aussprechen traumatischen Erlebnissen konstruiert.

Im Auftakt werden die Aussagen wie ein Bekennen zu seelischen Problemen präsentiert. Die Stimmen nennen Probleme aus der Kindheit, mit der Beziehung zu den Eltern, mit dem Sexualpartner, mit Intimität, mit Vertrauen, mit eigenem Körper, mit Wutausbrüchen. Wie in den früheren Darstellungen der Freiheiten basiert auch hier der Text auf Wiederholungen, Additionen, unerwarteten semantischen Zusammenstellungen. Die Struktur beeinflusst den komischen Charakter der Aussagen. Es werden gängige Sprüche wiederholt: Ich muss positiv über

---

19 Vgl. Krzysztofek 2014, S. 32–33.

20 Crimp 2012, S. 54, deutsche Fassung: „Überrasch mich an meinem Geburtstag mit Demenz oder mit einem quirligen Kätzchen. *Schwangere mich.*" Crimp 2014, S. 13.

meinen Körper denken, ich muss positiv über meinen Sexualpartner denken und über meinen Job.

"- I totally refused to speculate about my boss. I hated her, I couldn't talk to her about my job. I was trapped.
I was trapped. I was boxed- in. I was hurt. I was fearful. I was angry. I was ashamed."[21]

Die Aussagen beruhen auf Ausreden und auf dem Ausdruck des Selbstmitleids, der körperlichen Auswirkungen wie Ess- und Schlafstörungen, und ihrer Vorbeugungsmethoden. Die ernsten Probleme vermischen sich mit belanglos komischen, manchmal abscheulichen Feststellungen, wie bei den Aussagen über Intoleranz bestimmter Lebensmittel. Die Repliken bilden eine Parodie des therapeutischen Diskurses über die möglicherweise imaginierten Störungen.

Als letzte im II. Teil wird die Freiheit oder das Verlangen nach gutem Aussehen und ewigem Leben "The freedom do look good & live for ever" präsentiert. Schönes, begehrenswertes Aussehen, sportlicher Körper, gesunde Ernährung, regelmäßige Gesundheitsuntersuchungen werden wie Mantra von den Stimmen des Individuums wiederholt. Alle Aussagen sind in bestätigender Ich-Form. Es dominieren die Verben: *aussehen, schauen, checken* und *essen*. Dann starten mehrmals wiederholte Forderungen „Look at me". Es kommen nebenbei wichtige Mangel heraus, z. B.: „I look like I've got friends" und im Kontrast dazu lächerliche, zusammenhanglose Feststellungen "It's a fact Ican eat fruit. It's a fact I can stand on one leg. Oh look at the fine fruit spray as I break the peel."[22] Die Stimmen bezeugen begrenzte, gleichgültige Meinung über die Welt, die mit einer egozentrischen medien- und konsumbedingten Haltung verbunden ist. Das Individuum träumt von ewigem Leben und der Möglichkeit der Entfaltung aller Fähigkeiten und Potentiale, vor allem der Intelligenz. Alle Aussagen bleiben zwischen Ironie und Ernsthaftigkeit. Die Ichbezogenheit wird parodiert und bloßgestellt.

Die im II. Teil thematisierten fünf Freiheiten deuten auf Prozesse der Individualisierung der Gesellschaft. Der Zwang zum Entwurf der eigener Biografie und eigener Identität beeinflusst den Verlust der traditionellen Bindungen. Die Freiheit

---

21 Crimp 2012, S. 61, deutsche Fassung:
    – „Ich weigerte mich kategorisch, über meine Chefin zu spekulieren. Ich hab sie gehasst, ich konnte nicht mit ihr sprechen, ich konnte nicht mit ihr über meinen Job sprechen. Ich war gefangen.
    – Ich war gefangen, ich war eingeengt. Ich war verletzt. Ich war wütend. Ich war voller Schamgefühle." Crimp 2014, S. 15.
22 Crimp 2012, S. 67, deutsche Fassung: „In kann Obst essen. Ist so. Ich kann auf einem Bein stehen. Ist so. Oh, schauen Sie, wie schön es spritzt, wenn ich die Schale öffne." Crimp 2014, S. 17.

des Ich erweist sich als illusorisch, sie wird durch die steigende Abhängigkeit und Kontrolle vom Staat und Markt gesteuert. Gleichzeitig wird das Individuum mit der Vielfalt der Möglichkeiten konfrontiert, die seine Orientierungslosigkeit steigern. Das durch seine Freiheiten und mögliche Misserfolge vereinsamte Individuum sucht Hilfe in unterschiedlichen Therapien und zum Schluss sucht nach neuem Sinn, den es aus den vorgefertigten Ideen (z. B. für gesunde Ernährung, Leistungssteigerung) schöpft in der Hoffnung ein glückliches Leben zu führen.[23] Crimp lässt in seinem Stück die angedeuteten Mechanismen Revue passieren, schafft dabei eine parodistische Vision der Diskurse über die Freiheiten des Individuums.

V.

Das Leitmotiv des Theaterstücks von Crimp ist die unter verschiedenen Blickwinkel konstruierte dreiteilige Betrachtung des Individuums. Beginnend mit einem Kampf der Individuen in der Familie, mit ihrer zerstörerischen Kraft vertreten von Madeleine geht der Autor über die Freiheiten des Individuums, die in der Wirklichkeit die wichtigsten Probleme der heutigen Menschen ansprechen und endet schließlich mit einer bedrückenden Vision von Paradies – der Republik des Glücks, in der sich die Freiheit des Individuums in einen Herrschaftsanspruch verwandelt. Die interessante formal-inhaltliche Konstruktion des Dramas schafft eine besondere Spannung zwischen Ironie, Absurdität und erschreckenden Ernsthaftigkeit. Sie wird erstens durch die überzeichnete, verzerrte Vision der Familie, zweitens durch das Zusammenspiel der Kontraste im II. Teil gebildet. Das Ernste wird mit dem Belanglosen, Unpassenden verbunden, was zur Lockerung des Stils der Aussagen führt. Darüber hinaus dominieren im Text Wiederholungen, Additionen, Aufzählungen, die die weder dialogische noch monologische Kommunikation stören. Der III. Teil deutet auf den Zerfall der zwischenmenschlichen Kommunikation hin, zugunsten simpler, virtueller Nachrichten. Die in allen Teilen wiederkehrenden Motive von Gewalt und Erotik kommen meistens auf dem sprachlichen Niveau zum Ausdruck. Diese Beschreibungen basieren auf einer negativen Ästhetik mit perversen Andeutungen, Ekel und Schrecken hervorrufenden Bekenntnissen, die aber auch in Komik umschlagen können. In dem Spagat zwischen Lächerlichem und Schrecklichem verbirgt sich in der Sprache der Figuren die indirekte, beunruhigende Bedeutung, die heikle Fragen unseres Alltags anspricht. Sie werden jedoch nie vertieft oder kritisch interpretiert. Das Entdecken

---

23 Vgl. Schroer 2000, S. 410f.

und die Interpretation der subversiven Bedeutung gehört zur Aufgaben des Rezipienten. So kann der Rezipient die im Stück angesprochenen Situationen als Anregung zur Verifizierung der gesellschaftlichen, politischen Diskursen betrachten.
Die von Crimp zum Teil ironisch ausgemalten Individuen deuten auf Risiken,
die die moderne Individualisierung mit sich bringt, die im Blick auf die Gesellschaft von der zeitgenössischen Soziologie beschrieben werden. Zygmunt Bauman
unterstreicht die Unausweichlichkeit des Prozesses der Individualisierung[24] Beck
nennt Individualisierung einen Zwang zur Herstellung der eigenen Biographie.
Das breite Angebot an Ideen auf dem Bildungs-, Arbeitsmarkt und Warenwelt
stellt das Individuum vor die Wahl, mit der es allein gelassen und später für die
möglichen Misserfolge verantwortlich gemacht wird. Diese große Selbstverunsi-
cherung und Selbstbefragung, in die die Menschen geraten, sind nach Beck eine
Konsequenz der Individualisierung[25] In dem Theaterstück von Crimp werden die
beunruhigenden Möglichkeiten auf vielfältige Weise dem Publikum vorgeführt.

Literaturverzeichnis

Crimp 2012 – Crimp, Martin: In the Republic of Happiness: an entertainment in three parts. London.

Crimp 2014 – Crimp, Martin: In der Republik des Glücks. Deutsch von Ulrike Syha. In: Theater Heute. H. 1 (2014), S.

Baudrillard 2014 – Baudrillard Jean: Die Konsumgesellschaft. Ihre Mythen, ihre Strukturen. Luxemburg/Berlin.

Bauman 2005 – Bauman, Zygmunt: Zindywidualizowane społeczeństwo. Gdańsk.

Beck 1986 – Beck, Ulrich: Risikogesellschaft. Auf dem Weg in eine andere Moderne. Frankfurt/Main.

Beck 1994 – Beck, Ulrich: Individualisierung in modernen Gesellschaften – Perspektiven und Kontroversen einer subjektorientierten Soziologie. In: Riskante Freiheiten. Hrsg.: U. Beck, E. Beck-Gernsheim. Frankfurt/ Main.

Ebers 1995 – Ebers, Nicola: Individualisierung: Georg Simmel – Norbert Elias – Ulrich Beck. Würzburg.

Hauthal 2009 – Hauthal, Janine: Metadrama und Theatralität. Gattungs- und Medienreflexion in zeitgenössischen, englischen Theatertexten. Trier.

Krzysztofek 2014 – Krzysztofek, Kryzsytof: Społeczeństwo XXI w. Rozproszenie i nadzór. In: Studia Socjologiczne. (2014) H. 1.

24　Vgl. Bauman 2005, S. 61.
25　Beck 1994, S. 56.

Pavis 1998 – Pavis, Patrice: Słownik terminów teatralnych. Wrocław.

Schroer 2000 – Schroer, Markus: Das Individuum der Gesellschaft. Synchrone und diachrone Theorieperspektiven. Frankfurt/Main.

Internetquellen:

http://conventions.coe.int/Treaty/ger/Treaties/Html/005.htm

http://www.aestheticamagazine.com/blog/interview-with-martin-crimp-writer-of-in-the-republic-of-happiness/

http://www.deutschestheater.de/spielplan/spielplan/republik_des_gluecks/

Agata Mirecka (Kraków)

Ästhetische Konzeptionen in Dea Lohers Drama *Manhattan Medea*

„Theater ist für mich der Raum der Sprache. Wenn die Sprache schon ausdrückt, was empfunden wird, entsteht so eine Art Fernsehrealismus, und das ist langweilig. Auf dem Theater muß die Sprache die Figuren schaffen und nicht umgekehrt"[1],so Dea Loher in einem Gespräch mit Eva Heldrich im Jahre 1998. Dea Loher gehört zu den derzeit meistgespielten gegenwärtigen Dramatikerinnen in Deutschland. Die 1964 in Traunstein geborene Schriftstellerin zog nach ihrem Germanistik- und Philosophie-Studium nach Brasilien, wo sie sich einige Zeit aufgehalten hat und dabei die brasilianische Kultur kennen gelernt hat. Dort hat sie bereits an ihrem ersten Stück gearbeitet. Zurück in Deutschland verließ Dea Loher Traun- stein, um sich in Berlin niederzulassen. Dort arbeitete sie für den Rundfunk. 1990 bewarb sie sich erfolgreich um ein Stipendium der Friedrich-Naumann- Stiftung an der Hochschule der Künste in Berlin und begann bei Heiner Müller und Yaak Karsunke das Szenische Schreiben zu studieren. Hier unternahm sie auch ihren ersten Versuch, Szenen zu schreiben, was ihr „ziemlich viel Spaß"[2] machte. Nach einem Jahr publizierte Loher ihr erstes Theaterstück Olgas Raum , das 1992 im Hamburger Ernst-Deutsch-Theater uraufgeführt wurde. Darin greift die Autorin die authentische Geschichte der deutsch-jüdischen Kommunistin Olga Benario auf, die von der Kommunistischen Internationalen zunächst nach Brasilien geschickt wurde, und dann nach Deutschland ausgeliefert und in das KZ Ravensbrück deportiert wurde, wo sie nach sechs Jahren schließlich den Tod gefunden hat.

Ein Jahr nach *Olgas Raum* entstand Dea Lohers zweites und bislang erfolg- reichstes Stück *Tätowierung*, mit dem sich die Autorin sozial engagiert, indem sie sich mit dem aktuellen Thema des sexuellen Missbrauchs in der Familie be- schäftigt.

In einem Gespräch mit Juliane Kuhn meinte Loher: „Wir haben beide die Schnauze voll von dem postmodernen Orientierugslosigkeitsgefasel, das die ge- sellschaftliche Funktion des Theaters letztlich auf Null setzt, weil es wurscht ist,

---

1   Heldrich 1998, S. 88.
2   Wille 1998, S. 63.

was gespielt wird [...],"[3] Wie diese Aussage zeigt, ist Lohers dramatische Werk eine Absage an die postmoderne Ästhetik. Hinsichtlich der formalen Charakteristika ihres Theaters, die einen deutlichen Bezug zum epischen Theater aufweisen, lässt sich ihr dramatisches Werk als eine – an die Erfordernisse der Gegenwart angepasste – Rückkehr des epischen Theaters lesen. Sie belebt das epische Theater, aber nicht im Sinne einer Kopie, sondern als ein Theater, das die Verfremdung als Verfremdung präsentiert.

Ihre Stücke präsentieren nicht glatte Lösungen sondern schärfen durch die Darstellung den Blick für die Realität. Das Theater im technischen Zeitalter konkurriert mit perfekteren Mitteln der Abbildung und dessen ist sich Loher bewusst. Deswegen muss sich das Theater andere Ausdrucksformen suchen. Ziel ist ein Theater, dessen Schauspieler nicht für die Institution Theater, sondern für ein lebendiges, präsentes Publikum spielen. An die Stelle des dezentrierten Menschen setzt sie das verantwortliche Subjekt; an die Stelle der zerstörten, fragmentierten Geschichte das Erzählen einer zwar episodischen, jedoch in sich logisch strukturierten Fabel.[4] „Nicht länger ist der Mensch ein Spielball der Objekte, der, weil seiner Sprache beraubt, auf seine körperlichen Reflexe angewiesen ist. Nicht länger befindet sich der Mensch im absoluten Präsenz einer Performanz, die jeglichen Kausalnexus negiert, sei er individueller oder geschichtlicher Art."[5] – meint die Dramaturgin.

In folgendem Beitrag soll die Frage gestellt werden, wie die ästhetische Raumkonzeption im Drama *Manhattan Medea* der meistgespielten zeitgenössichen Dramatikerin im deutschsprachigen Raum sei? Obwohl sich Dea Loher ziemlich großer Popularität auf deutschen Bühnen erfreut, ist der wissenschaftliche Diskurs zu ihrem Werk sehr gering, was auch der Ausgangspunkt dieser Überlegungen war.

In dem als Auftragswerk für den Steirischen Herbst 1999 vorbereiteten Stück *Manhattan Medea* überträgt Dea Loher die mythische Geschichte der Medea – einer Aussiedlerin, die um Asyl bittet, einer verratenen Verräterin, einer Kindesmörderin – in das heutige New York. Medea ist zwar keine mythische Königstochter und Zauberin, trotzdem bleibt sie eine starke Figur, die Dea Loher in einer Serie von brutalen Bildern von neuem entstehen lässt. Medea und Jason, der Vater von Medeas Kind, sind in ihrem Stück Flüchtlinge aus dem Balkan, die seit sieben Jahren illegal in Amerika leben. Beide verbindet auch kriminelle Vergangenheit – sie haben den

---

3   Groß/Khuon 1998, S. 21.
4   Vgl. Haas 2007, S. 271–273.
5   Haas 2007, S. 272.

Tod zwei ihrer Familienmitglieder auf dem Gewissen. Als Jason die Tochter eines reichen Geschäftsmannes kennen lernt und den Entschluss fasst, diese zu heiraten, verlässt er Medea und den gemeinsamen Sohn. Das Drama findet am Abend der Hochzeit statt. Medea, die Jason wieder für sich gewinnen will, nimmt Rache nicht nur an der Braut Clair, sondern sie tötet auch das eigene Kind. Das Drama kann, angesichts der Vielschichtigkeit des komplexen Textes, auch als Lohers „autoreflexive Auseinandersetzung mit Fragen der Ästhetik"[6] verstanden werden. Die Autorin sagt: „(…) die abgebildete Wirklichkeit [ist] immer unausweichlich eben eine abgebildete, damit nicht die Wirklichkeit selber, sondern nur eine vermeintliche, immer schon interpretationsbedürftige, ein Spiegel der Intention des Betrachters (…)."[7] In sprachlicher Hinsicht kommt die Dramatikerin in *Manhattan Medea* ihrem Lehrer Heiner Müller nahe und übernimmt von ihm einzelne Stilmittel, z. B.: das Weglassen der Satzzeichen (insbesondere Fragezeichen), die Wortwiederholung, die Zeilenumbrüche (mit denen sie die Intonation gestaltet und künstlich Sprechperioden verkürzt), um, wie Birgit Haas feststellt: „die Sätze zusätzlich mit Bedeutung aufzuladen, ihnen mehrere Realisierungs- und Deutungsmöglichkeiten zu verleihen"[8]. Bei Loher liegt der Akzent „nicht nur auf dem Gesagten, sondern auch auf den Pausen, dem Stocken des Redeflusses, kurz: auf dem Subtext, d. h. dem Unausgesprochenen".[9] Die sprachliche Struktur ist dabei nicht psychologischer, sondern politischer und sozialer Natur.

Der vorliegende Beitrag beschränkt sich aber auf nur einen Aspekt der Dramaturgie Lohers, und zwar den Raum. Es soll auf einem konkreten Drama-Beispiel untersucht werden.

Die Figur Medea in Manhattans Medea wurde jahrhundertelang ausschließlich männlichen Bearbeitungen unterworfen und Dea Loher beschäftigt sich mit dieser Figur als Frau. Der Beginn des feministischen Diskurses erlaubte das Hinterfragen der Medea von weiblichen Autorinnen. Es begann die weibliche Mythenrezeption. Das Drama Lohers wurde in zehn dialogische und monologische Szenen gegliedert.[10] Im Drama werden die drei Einheiten des klassischen Dramas

---

6 Haas 2006, S. 267.
7 Loher, Dea: Rede zu Verleihung des Gerrit-Engelke-Preises. In: Groß/Khuon 1998, S. 226.
8 Haas 2006, S. 263.
9 Ebd., S. 262.
10 Man kann folgende Reihenfolge der Dialoge und Monologe unterscheiden: 1). Velazquez u. Medea, 2). Jason u. Medea, 3). Medea, 4). Deaf Daisy u. Medea, 5). Sweatshop-Boss u. Medea, 6). Medea, 7). Deaf-Daisy u. Medea, 8). Medea u. (später) Jason, 9). Velayquey, 10). Medea u. Kind, Am Schluss: Deaf Daisy singt.

erfüllt: Ort, Zeit und Handlung und auch die Regeln des antiken Dramas, wie: Exposition, Peripetie und Katastrophe erfüllt. Unter den Dialogen erscheinen monologische, lyrische Einschübe und ein Bericht von Medea über die Vorgeschichte. Die Handlung des Stücks wird nach New York der Gegenwart verlegt, vor ein „reiches Haus auf der 5th Avenue."[11] Medeas *Spielraum* ist die ganze Zeit nur der Eingangsbereich des Hauses. Für Jason steht dagegen das Haus offen, er wird zu Bräutigam der Tochter vom Sweatshop-Boss.

Die Sprache der Dramaturgin ist eine stark stilisierte, klar strukturierte Kunstsprache, die sich allem Psychologisieren enthält. In einem Interview mit Sybille Weber im Jahre 1994 sagte Loher: „Nach meiner Vorstellung sollte ein Theatertext sein wie ein Partitur, der sich alle Satzzeichen unterordnen. Das gleiche gilt für Zeilen. Die Form entsteht aus einer inneren Vorstellung von Melodie und Rhythmus. Der Punkt ist ein Taktzeichen. Je nach Stoff."[12]

„Die Konstruktion eines Stückes ist mir sehr wichtig, damit der Text Harmonie, Rhythmus und Melodik bekommt."[13]

Strukturierung, Fragmentierung und Rhythmisierung der Sprache ist nicht nur an ihr, sondern auch an dem Aufbau des Dramas und den Figuren sichtbar, wodurch es auch zu einer Verfremdung der Realität kommt, wie es Sabine Enthammer in ihrer Arbeit bemerkt. Enthammer macht den Leser auch darauf aufmerksam, dass die Sprache Lohers zwischen knappen, brutalen und rhythmisierenden Ausdrucksformen einerseits und poetisch-mythischen Elementen andererseits wechselt. Grössere Monologblöcke und Dialoge, mythische Textpassagen und konkrete realitätsbezogene stehen sich gegenüber. Bei Dea Loher ist auch die poetische, bildhafte Sprache neben dem Weglassen und Verknappen auf das Wesentliche signifikant.[14] Das zentrale Motiv des Stückes ist „Fremdheit". Die Autorin orientiert sich stark an den bekannten Medea-Muster, wie: der jüngeren Rivalin, dem getöteten Bruder, dem vergifteten Brautkleid, dem Vorwurf der Hexerei, dem inneren Feuer und schließlich dem auf der Bühne vollzogenen Kindsmord.

Theater bei Dea Loher aber auch der Raum des Schweigens, durch Pausen und Stille, wird das Geschehen rhythmisiert – die Anweisung „Schweigen", „Pause" und „Stille" findet sich häufig in ihren Texten. Sie verdeckt das Wesentliche unter einer Decke aus Sprache, verdrängt es; wenn es hervorbricht, endet es meistens mit einer Katastrophe. Mittels der Sprache verfallen die Figuren ihrer Dramen

11 Loher 2006, S. 9.
12 Dea Loher in einem Interview mit Sybille Weber, s. Weber 1994.
13 Dea Loher in einem Interview mit Klaus Witzeling, s. Witzling 1992.
14 Vgl. Enthammer, 2002, S. 18.

in eine andere Welt, eine Traum- und Phanatasiewelt, zu ihrem eigentlichen Ich, ihrer wahrer Identität, ihrem Leben. Das ist aber nur die erträmte Welt, die es nicht gibt.[15] *Manhattan Medea* war ein Aufttragsstück für den *steierischen Herbst*. Ernst M. Binder, einer der Initiatoren dieser Grazer Theaterfestivals, hatte die Idee, Dea Loher mit einer Auftragsarbeit über den „Medea-Mythos" zu engagieren. Diese befand sich zu dieser Zeit in New York, und vielleicht verlegte sie deswegen den antiken Dramenstoff in das hektische Treiben des *„Big Apple".*16 „Die Geschichte der Medea ist ja die Geschichte einer Fremden, einer Barbarin in der Neuen Welt. Die USA gelten ja immer noch als das klassische Einwanderungsland, und New York samt Freiheitsstatue et cetera ist das Symbol für Freiheit, Chancengleichheit, Liberalität, wie zwiespältig und desillusionierend die Wirklichkeit dahinter auch sein mag."[17]

> „Insgesamt bezeugt sie nachdrücklich die Verbindung von Sprach- und Bühnenästhetik. Inhaltlich gesehen ist die thematische Relevanz hinsichtlich ethischer Grundfragen auffallend. Diese verbindet sich mit der formalen Erneuerung des sozialen Problemstücks. Groß dimensionierte gesellschaftliche und ethische Fragestellungen finden in ihrem Schaffen wieder den Weg zum Theater. [...] Am Anfang stehen eher die auf einen zentralen Konflikt hin angelegten, linearen Handlungsstrukturen, später ergeben sich auch die dem Stationendrama nachempfundenen Lebenslauf-Stücke, danach soziale Panoramen, die eine erweiterte Problementfaltung mit aufwendigerem Personal und mehrsträngigem Geschehen verbinden."[18]

In *Manhattan Medea* wird eine neue Qualität eingeführt: „Indem [...] [Loher] mit ihrer Manhattan Medea das Original des Euripides nachahmt, schafft sie ein neues Stück. Die Selbstauslöschung am Ende, symbolisiert durch das Feuer, das das Bild zerstört, radikalisiert diesen Ablauf. Eine noch so kunstvolle Nachahmung als Neuschöpfung ist nicht mehr möglich. Der Medea-Mythos hat sich erschöpft, er lässt sich nur noch als Zeitgeschichte fortschreiben. Dies erklärt auch den Ort der Handlung. Die amerikanische Großstadt soll nicht einen Verfremdungseffekt plakativ hervorkehren, sondern sie symbolisiert den „Überallort" als den Gegenort zum Nichtort, der Utopie. „Von jetzt an / werde ich / eine lebend tote sein."[19] Das sind Medeas Schlussworte."[20]

---

15 Vgl. Ebd., S. 19.
16 Schneider 2001, S. 17.
17 Niedermaier 1999.
18 Bayerdörfer 2013, S. 63.
19 Dea Loher 2006, S. 61.
20 Luserke-Jaqui 2002, S. 231.

In jedem Drama stellen Raum und Zeit zusammen mit der Figur und ihren sprachlichen und außersprachlichen Aktivitäten die konkreten Grundkategorien des dramatischen Textes dar. Das unterscheidet diesen von narrativen Texten, in denen nur die Erzähler- und Figurenrede konkret sind, der Raum und die Figur und ihre außersprachlichen Aktivitäten dagegen nur in sprachlicher Schematisierung und Abstraktionen erscheinen. Die Überlagerung eines inneren durch ein äußeres Kommunikationssystem gilt auf der Ebene der Raumstruktur. Dem realen Bühnen- und Theaterraum des äußeren Kommunikationssystems entspricht im Inneren der fiktive Raum, in dem die dargestellte Geschichte sich entfaltet, der realen zeitlichen Deixis der aufführenden Schauspieler und der rezipierenden Zuschauer entspricht die fiktive zeitliche Deixis der dargestellten Geschichte, wobei die Identität des präsentischen Tempus nicht zu einer Verwechslung des Realen des Publikums und der Schauspieler mit dem Fiktiven der Figuren verführen kann.

Manhattan als Raum wird nicht nur verbal vermittelt sondern konkret präsentiert. Das geschieht durch die Betonung der Raumgestaltung auf naturalistische und oft futurische Art und Weise. Die zusätzlichen Funktionen des Raumes bestehen nicht nur darin, dass durch ihn ein Bedingungsrahmen für die Aktion der Figuren erstellt wird und diese daher durch ihn bereits charakterisiert werden können sondern allgemein in seiner modellbildenden Rolle.

In *Manhattan Medea* lässt sich die Zentralität der räumlichen Opposition von Innen und Außen bemerken, die spezifisch semantisch gefüllt wird. Man kann sagen, der Innenraum ist hier als Zufluchtsort positiv aufgeladen. Das Leben von Medea und Jason sollte eben hier in New York einen guten Anfang finden und ihre gemeinsamen Beziehungen noch stärken. Der *off stage* Bereich aber, aus dem eine namenlose, nicht genauer fassbare Bedrohung sich mit jedem Klopfen, jedem Telefonanruf, jeder neuen Figur ankündigt, bildet einen Gegensatz zum Inneren. Dieser *off stage* Bereich ist eben das Leben in Manhattan und alle damit verbundenen nicht präsentierten Relationen. Wie die menschlichen Figuren gehört auch das Bühnenbild zu den Konkreta des dramatischen Textes, wodurch er eine mehrdimensionale Räumlichkeit erlangt, und auch so betrachtet und dargestellt werden soll.

„Hinter der Bildmetamorphose offenbaren sich grundlegende Reflexionen über Kunst und Nachahmung, die diese und auch zukünftige Medea-Versionen nur noch als wiederkehrendes Zitat gelten lassen. Der „falsche" Velazques ist gescheitert, seine Kunst besteht eben nicht darin, durch Nachahmung Neues zu schaffen, sondern lediglich perfekte Kopien zu produzieren. Im Feuer verwandelt sich die Velazquez-Kopie zudem in ein Picasso-Werk, das selbst auch auf ein Original Velazquez rekurriert – sein exakt 300 Jahre vor der Adaptation Picassos entstandene Werk *Meninas*. Drastisch wird hier ein Kunstbegriff in Szene gesetzt, der Originalität nicht jenseits von Vorgängern entstehen lässt. Medea wird dadurch nicht aus ihrer kulturgeschichtlichen Tradition befreit, sondern bleibt in ihrer Bedeutung, ähnlich wie Picassos *Las Meninas* an die Vorlage Velazquez, an ihren Mythos, verstanden als System sämtlicher Prätexte, gebunden."[21]

Manhattan ist neben Queens, Brooklyn, The Bronx und State Island einer der fünf Stadtteile der amerikanischen Metropole New York. Für Medea wird Manhattan ein besonders tragischer Ort, nach sieben gemeinsamen elenden Jahren zwischen Spielern, Kellnern, Putzfrauen und Köchen ergreift Jason für sich die Chance auf ein bequemes Leben. Aber bedauerlicherweise ohne Medea. Als Illegale ist Medea kein Teil der Gesellschaft, sondern sie wird als unerwünschte Fremde und Hexe aus Manhattan wahrgenommen. Sie lebt immer noch am Rande der Gesellschaft. In der Vorstellung der Protagonisten stellt Manhattan ein Symbol des *American Dreams* dar. Manhattan ist die Stadt der Verwandlung, in der jeder Mensch mit harter Arbeit und großer Willenskraft sein Leben verbessern kann. Der Traum der Protagonisten bleibt unerfüllt, sie bleiben Fremde in einer fremden Kultur. In der großen Welt fühlen sie sich fremd und verloren, es gibt keinen Ort auf der Erde, der ihnen Heimat sein könnte. „Die Atmosphäre [im Drama] kommt für die Wahrnehmung von Räumlichkeit eine besondere Bedeutung zu. Denn in der Atmosphäre, die der Raum und die Dinge – einschließlich der Gerüche, die sie verströmen und der Laute, die sie erklingen lassen – auszustrahlen scheinen, werden diese dem Subjekt, das ihn betrifft, in einem fast emphatischen Sinne gegenwärtig. Sie rücken dem wahrnehmenden Subjekt in der Atmosphäre in bestimmter Weise auf den Leib, ja dringen in es ein – wie vor allem bei Licht, Lauten und Gerüchen zu erfassen ist. Denn der im Raum Anwesende findet sich nicht der Atmosphäre gegenüber, nicht in Distanz zu ihr, sondern wird von ihr umfangen und umgeben; er taucht in sie ein, wird so in gewisser Weise Teil der Atmosphäre und trägt durch seine Reaktionen dazu bei, sie zu verstärken, abzuschwächen oder gar zum Verschwinden zu bringen"[22] So ist es ohne Zweifel eben auch in *Manhattan Medea* sichtbar, wo die angesprochene Umgebung, die Stadt New York und der Stadtteil Manhattan, den Raum der Figurenentwicklung darstellen, in dem ein Einwanderer eine neue Identität ergreift. Die erwähnten ästhetischen Mittel bilden ein sehr gutes Milieu für dessen Entwicklung, was auch hier eben angedeutet werden sollte.

---

21 Ebd.
22 Fischer-Lichte 2012, S. 59.

Literaturverzeichnis

Loher 2006 – Loher, Dea: Manhattan Medea. Blaubart. Hoffnung der Frauen. Frankfurt/M.

Bayerdörfer 2013 – Bayerdörfer, Hans-Peter: Rückkehr zum Ethos? – Ansätze zur Erneuerung des Problemstücks bei Dea Loher. In: Kupczynska, Kalina; Pelka, Artur: Repräsentationen des Ethischen. Frankfurt/Main.

Enthammer 2002 – Enthammer, Sabine: Dea Lohers „Manhattan Medea" – zum Aktualisierungspotenzial eines Mythos. Diplomarbeit/Universität Wien.

Fischer-Lichte 2012 – Fischer-Lichte, Erika: Performativität. Eine Einführung. Bielefeld.

Groß/Khuon 1998 – Groß, Jens; Khuon, Ulrich (Hrsg.): Nicht Harmonisierung, sondern Dissonanz. Juliane Kuhn im Gespräch mit Dea Loher. In: Dea Loher und das Schauspiel Hannover. Niedersächsisches Staatstheater Hannover.

Haas 2006 – Haas, Birgit: Das Theater von Dea Loher: Brecht und (k)ein Ende. Bielefeld.

Haas 2007 – Haas, Birgit: Dea Loher: Vorstellung. In: Adler, Hans (Hrsg.): Monatshefte für deutschsprachige Literatur und Kultur. Band 99, Nr. 3.

Heldrich 1998 – Heldrich, Eva: „Theater ist für mich der Raum der Sprache". In: Groß, Jens; Khoun, Ulrich (Hrsg.): Dea Loher und das Schauspiel Hannover. Hannover.

Luserke-Jaqui 2002 – Luserke-Jaqui, Matthias: Medea. Studien zur Kulturgeschichte der Literatur. Tübingen/Basel.

Niedermaier 1999 – Niedermaier, Cornelia: Medea. Mord in Manhattan. Ein Gespräch mit Dea Loher. Der Standard vom 21. 10. 1999.

Schneider 2001 – Schneider, Michael: Dea Lohers Dramenwelten. Diplomarbeit/ Universität Wien.

Weber 1994 – Weber, Sybille: „Von Lust und Schmerz". In: Deutsches Allgemeines Sonntagsblatt, Nr. 19, 13. 05. 1994.

Wille 1998 – Wille, Franz: Ich kenne nicht besonders viele glückliche Menschen. In: Theater heute, Heft 2.

Witzeling 1992 – Witzeling, Klaus: „Ganz der Gewalt verfallen". In: Hamburger Morgenpost, 04. 08. 1992.

Rezeption und Werkbeschreibungen

Frank Starke (Potsdam)

Murx den Europäer!
Triumph der Langsamkeit – das Theater des
Christoph Marthaler

Das Theater an der Wende von den 1980er zu den 90er Jahren ist geprägt von den Textgebirgen eines Heiner Müller, aber auch von den Regieprovokationen eines Frank Castorf, die bei aller Lust am Szenischen letztlich doch auch von der Vergötterung des Wortes leben.

Und mitten in dieser Hochzeit des Gesprochenen tritt Christoph Marthaler auf. Bei ihm gibt es keine durchgehende Handlung, kein Textgerüst. Dabei sind seine Aufführungen weder Tanzstück noch Performance. Marthaler kreiert eine neue Art von Musik-Theater, die man bislang so nicht kannte. Das gemeinsame Singen, das Schweigen, die Langsamkeit, die Wiederholung sind Markenzeichen seiner Arbeit. Es ist der Gegenentwurf zu einer Welt, die immer kurzatmiger und geschwätziger wird.

Am Anfang seiner „Murx"-Inszenierung an der Berliner Volksbühne hört man nur einzelne Liedfetzen, die Zeile „Glühend empor" ist allenfalls zu erahnen, dann immer wieder ein Klopfen, ein Rütteln: Ein Heizer macht sich an den uralten Riesenöfen an der Bühnenseite zu schaffen. An der Stirnwand des Raumes die Losung „Damit die Zeit nicht stehenbleibt", von der nach und nach einzelne Buchstaben laut scheppernd abfallen. Die Uhr daneben verharrt in einer imaginären Zeitangabe.

In der Tat – die Zeit ist stehengeblieben. Vergangenes und Gegenwärtiges vermischen sich auf bizarre Art. Erst leise, dann anschwellend Josef von Eichendorffs 200 Jahre altes „In einem kühlen Grunde". Auf diesen Einstieg mit kalkuliertem Pathos folgt erst ein Schweigen, dann ein Murmeln, aus dem sich einzelne Satzfetzen herausschälen: „Nur die Wurst hat zwei", „Zerdrück die Träne nicht", „Du hast den Hund vergiftet".

So wird es den ganzen Abend über bleiben: Das Große, Getragene, Anspruchsvolle steht neben dem Kleinen, Nichtigen, Banalen.

Elf Personen suchen einen Autor. Sie sitzen verloren an schäbigen Tischen und Stühlen. Verhuschte Gestalten, die man auf der Straße im Vorbeigehen gar nicht wahrnehmen würde. Sie sitzen und warten. Trotz aller Nähe bleiben sie voneinander isoliert.

Das Übergreifende bei allen Marthaler-Abenden: Es gibt keine „Rollenfigur"
im herkömmlichen Sinne. Die Individualität der Schauspieler ist formgebend,
ihr äußerlich Auffälliges. So gibt es den sehr Großen, den Kleinen, den extrem
Dicken, den Spindeldürren, die Blonde mit der Dauerwelle.

Auf ein Signal hin, ein lautes Tuten, erwachen die Figuren aus ihrem Dämmer.
Sie stehen auf, stellen sich vor die Tür, die sich nach einigem Warten automatisch
öffnet. Dahinter ein Waschraum: Händewaschen, abtrocknen. Dann wieder in
einer Reihe aufstellen, zurück an die Plätze. Alles im Kollektiv, keiner schert aus.

Doch, einer. Er wird zum Kellner, der erst Teegläser und Teebeutel ausgibt,
dann in einer zweiten Runde Teller mit Kuchen. Auf ein Glöckchen-Signal müssen die Teebeutel entnommen und zurückgegeben werden. Einige erledigen dies
ganz penibel, andere werfen die Beutel mit Schwung daneben: Es ist dies eines der
Zeichen dafür, wie einzelne versuchen, das System von Ritualen zu unterlaufen.

Der Kellner setzt sich an das Klavier, stimmt den Kirchenhit „Danke für diesen
guten Morgen" an. Gemeinsam singen sie das Lied einmal durch, ein zweites Mal,
ein drittes Mal. Es scheint in Endlosschleife zu laufen, wobei das Danke-Wort
immer lauter und schriller wird.

Der Übersteigerung folgt wieder das Schweigen.

Jeder ist mit kleinsten Verrichtungen beschäftigt. Das Betteln um ein zusätzliches Stück Kuchen, das Pullover-Ausziehen und Bizeps-Zeigen. Eine Ohrfeige
aus heiterem Himmel. Grundlos-lautes Lachen.

Dazwischen Satzanfänge in einer bizarren Mischung aus Primitiv-Ordinärem
und Kalender- und Stammbuchpoesie. Auf „Schiffe ruhig weiter, bis der Mast auch
bricht" folgen „Alte Drecksau" und „Schlabbervotze".

Das Banale erhält durch den musikalischen Rahmen letztlich eine übergreifende Dimension. Das Erstaunliche dieses Theaterabends: Ein Schweizer Regisseur
trifft hier 1993 das Lebensgefühl der zu Ende gehenden DDR. Er erzählt von der
Isolation des Einzelnen, trotz des gemeinsamen Raumes. Jeder ist der Polizist
des anderen. Annäherungsversuche misslingen. Das ganze alltägliche Elend wird
offenbar: die Fatalität, das Absurde, das Warten, die Bürokratie, die Undurchschau-
barkeit. Und in die Totenstille hinein immer wieder die Musik, das gemeinsame
Singen als Verweis auf die Geschichte. Volkslieder, Arbeiterlieder, Schlager, Schu-
bert und Haydn.

Wobei sich zeigt, dass diese vermeintliche DDR-Zustandsbeschreibung weit
über das Angedachte hinaus für den europäischen Menschen schlechthin Gültigkeit hat, dass der anfangs wegen seiner Skurrilität ausgewählte Titel, der in seiner
Langform das komplette Indianerlied von Paul Scheerbarth zitiert: „Murx den Eu-
ropäer! Murx ihn! Murx ihn! Murx ihn ab!" auf etwas durchaus Globales verweist.

Marthalers Arbeit hat zwei Fundamente: Zum einen ist es das genaue Beobachten von Menschen. Er kennt das aus der Schweiz und hat es in Berlin wieder
getroffen: Diese Kneipen, in denen Männer vor sich hin schweigen. Manchmal
sagt einer etwas, und irgendwann antwortet von weit hinten ein anderer. Die
Übrigen bewegen sich nicht. Dieses seltsame Kommunikationsnetz ohne Blicke.
Dieses Dämmern. Das hat für Marthaler eine große Spannung. Und er schafft es,
diese Spannung auch auf die Bühne zu übertragen.

Die zweite Grundlage ist die Musik. Marthaler, der von Haus aus Musiker ist,
hat in seinen Anfangsjahren bei Proben oft unten im Zuschauerraum gesessen
und dabei einen sicheren Theaterblick entwickelt – vor allem für das, was er nicht
machen will. Für ihn hängt das Selbst-Inszenieren eng mit der Musik zusammen.
Denn sie ist aus seiner Sicht „eines der genialsten Transportmittel für Gefühle".[1]
Und sie hat auch einen praktischen Wert: Wenn man Schauspieler versammelt,
hilft die Musik, dass die Leute zusammenwachsen. Er habe bei den Proben eigentlich nie ein definitives Konzept, sagt er im Interview. Aber das Singen sei ein
ganz gutes Stilmittel, gebe eine gemeinsame Basis. Die Liedsätze, an denen Marthaler intensiv arbeitet, stehen im Gegensatz zu dem eher Trostlosen, das man auf
der Bühne sieht. Der Autismus der Figuren wird durch die Harmonie der Musik
überhaupt erst erträglich.

Auch wenn das Ergebnis letztlich unter dem Signum Marthaler vermarktet
wird, die Inszenierung ist eigentlich ein Gemeinschaftswerk. Marthaler beschreibt
sein Herangehen so: Am Anfang gibt es eine Grundidee, einen inhaltlichen Ausgangspunkt. Gemeinsam mit den Dramaturgen entsteht ein gedankliches Gerüst.
Aber die eigentliche Arbeit, das Finden des Stückes, erfolgt gemeinsam mit den
Schauspielern und seiner Bühnenbildnerin Anna Viebrock. Vieles von dem, was
man auf der Murx-Bühne sieht und hört, geht auf Anregungen der Schauspieler
zurück, die damit über das Spiel hinaus quasi zu Co-Autoren werden. Der Regisseur selbst bringt die Einzelteile dann in eine endgültige Form.

Dabei hat Marthaler das Glück, dass Anna Viebrock ebenfalls eine gute Be-
obachterin ist. Einiges von dem, was die Kölnerin bei ihren ersten Ostberlin-
Streifzügen entdeckte, ist in ihre Murx-Ausstattung eingeflossen. Die Menschen in
den dünnen Trainingsjacken, Schlaghosen, Kassenbrillen. Irgendwann, so erzählt
Viebrock, kam sie in den riesigen Heizungskeller der Volksbühne, wo gerade die
alten Kohleöfen ausgebaut wurden. Einige hat sie gleich auf die Bühne stellen
lassen. Aus diesen ihren Eindrücken speist sich die erste Murx-Szene: der Heizer,
der die Öfen einstellt; das Knacken der Heizungen; das Ermüden der Menschen

---

1   Leupin/Spirgi/Truog, 2011

im überheizten Raum, die fast einschlafend, den Gesangsrest „Glühend empor"
viele Male wiederholen. Im Laufe der Arbeit erhielten die Öfen noch eine andere
Bedeutung: Es erklingen Lieder aus dem Feuer – verbrannte Lieder – und so
werden Erinnerungen an die Öfen der Geschichte wach.

Deutlich scheint in Viebrocks Arbeitsweise Walter Benjamin auf. Eine seiner
Denkfiguren ist der Sammler, der Flaneur, der die Gegenwart des Vergangenen
behauptet, dessen Fundstücke Zeugen und Erinnerungen an eine andere Zeit sind.
Sie machen, so Hans-Thies Lehmann und Helene Varopoulou, die Gegenwart
löchrig, geben in ihren Lücken den Blick frei auf Früheres – die Zeitfläche des
Jetzt bricht auf. Zugleich verlieren die gesammelten und gefundenen Objekte ihre
Bindung an einen ursprünglichen Zusammenhang, fallen aus der gewohnten Zeit
und in eine Art surrealistische Traumzeit.[2]

Insofern sind Anna Viebrocks Räume nicht Abbilder an sich. Sie sind auf
magische Weise umgeben von der morbiden Aura verlebter Größe, geben der
allgemeinen Erschöpfung derer, die darin leben, ein Gesicht. Es sind, bei aller
vermeintlichen Nähe in diesen Wartesälen der Geschichte, doch, wie es bei Haupt-
mann heißt, „einsame Menschen". Marthaler macht dabei ein übergreifendes Phänomen deutlich: „Je näher sich die Menschen kommen, desto einsamer werden
sie."[3]

Und sie bleiben doch dabei ganz normale Menschen mit einer eigenen Geschichte. Und diese „ganz normalen Menschen", so Viebrock, „tragen zumeist
eine extremere Geschichte und extremere Erfahrung mit sich, als ihnen von den
Theaterleuten oft zugegeben wird."[4] Bei Murx ging es dem Team um Leute, die
nicht dafür geschaffen sind, die Konkurrenzgesellschaft mitzumachen. Diese Leute
sind für sie letztlich aber doch lebendiger als jene Menschen, die in den rasenden
Unternehmungen der Überflussgesellschaft dahinjagen.

Und doch: Für die in den übergroßen Räumen Eingesperrten gibt es keine
Veränderungen. Sie ertragen einen Zustand, der zu nichts führt. Sie begehren nicht
auf. Sie sind geduldig. Sie haben sich mit ihrer Lage abgefunden. Sie sind demütig.
Sie werden von außen bestimmt. Sie sind die Ausrangierten, die Gescheiterten,
oder die, die das, was sie tun wollten, nie zu Ende bringen. In diesem Sinne wird
auch ihre Geschichte erzählt: Keine Fabel, sondern leer laufende Wiederholung,
kein Individuum, sondern ein unfreiwilliges Kollektiv, kein Dialog, sondern eine
misslungene Annäherung.

---

2   Müller-Tischler/Ubenauf 2011, S.22.
3   Dermutz 2000, S.11.
4   Dermutz 2000, S. 62.

Das ist es, was die Menschen in der DDR gelernt haben: Die Kraft des Daseins, die Lust des Aussitzens, das Wissen, dass man Teil eines Mechanismus ist, den man nur sehr unvollkommen beeinflussen kann. Sie haben nicht die Illusion, die Welt erkennen und vielleicht auch beherrschen zu können – das ist die Tragik einer geschlossenen Gesellschaft.

Was die Defekte der Figuren angeht, sieht Frank Castorf, Volksbühnenintendant mit ausgeprägtem Hang zum Theoretischen, eine Nähe Marthalers zu dessen Landsmann Ludwig Binswanger, der sich als Soziologe intensiv mit der Daseinsanalyse beschäftigt. In seiner Arbeit „Drei Formen des Missratenseins – Verschrobene, Manierierte, Verstiegene" skizziert er etwas, das Castorf auch bei Marthaler immer zu erkennen meint: Menschen, deren Psychologie quasi verlängert ist – durch Liebe, durch Ruhe, durch Genauigkeit. Es sei schmerzhaft – nicht nur für denjenigen, der es durchmachen muss, sondern auch für den, der es erfährt, den Zuschauer – so etwas auszuhalten. Er glaube, so Castorfs Fazit, „wir sind alle, wenn wir unsere Psychologie radikalisieren, Verstiegene, Verschrobene und Manierierte. Und das gehört eigentlich zu etwas, was sehr viel menschlicher ist als die schnellen ideologischen, historischen Analysen."[5]

Trotz all ihrer zwangsneurotischen Kleinbürgeralpträume – man mag diese Menschen. Man nimmt sie als besonders wahr in ihren kläglichen Aktionen. Sobald sie sich doch einmal aus sich heraus wagen, erzählen sie etwas über das Vermögen des Einzelnen, über seine Lebendigkeit.

Und das macht Marthalers Arbeit dann auch so besonders: sein Mitgefühl mit den erschöpften Menschen. Er lässt sie nicht allein. Er erhebt sich auch nicht über sie. Er weiß nicht mehr als die Figuren. Marthaler, so der Schauspieler Josef Bierbichler, sei „mit den Menschen". Davon komme die Wärme, die bei aller Isolation „in seinen Inszenierungen zu spüren ist."[6]

Am schönsten sind die unbewussten Zustände des gemeinsamen Singens und Schlafens. In den Traumintervallen fallen alle diese Personen aus der Zeit. Das Diktat des Gegenwärtigen wird durch das Singen außer Kraft gesetzt. Indem sie singen, so Stefanie Carp in ihrem Marthaler-Essay, wird ihnen ihre menschliche Würde zurückgegeben.[7]

Und doch: Es sind erschöpfte Menschen im durchaus Čechowschen Sinne. Darauf verweist Klaus Dermutz.[8]Allerdings sind sie bei Tschechow wie in den „Drei Schwestern" erschöpft, weil sie arbeiten wollen und es nicht können, da

---

5 Dermutz 2000, S. 194.
6 Dermutz 2000, S. 146.
7 Dermutz 2000, S. 108.
8 Dermutz 2000, S. 20.

sie von Menschen geboren wurden, die die Arbeit verachten. Bei den Murx-Menschen ist es die Arbeitslosigkeit, das Nicht-mehr-gebraucht-werden, das zu dem Erschöpfungszustand führt.

Und auch schon bei Dostojewski, dessen Romane Marthaler in jungen Jahren verschlungen hat, kann man nachlesen, dass die Erschöpfung einhergeht mit der Vereinzelung. „Es ist doch tatsächlich so", heißt es in den Brüdern Karamasow, „dass in unserem Jahrhundert alle in lauter Einzelteile zerfallen sind, ein jeder zieht sich in seine Höhle zurück, jeder entfernt sich vom andern, verbirgt sich und verbirgt, was er hat." Erst wenn „für diese schreckliche Vereinzelung" die Frist abläuft, dann werde der neue Zeitgeist schon von selber wehen.[9] Dieses schwermütige Menschenbild des Ostens ist eine der weiteren Schichten in Marthalers Arbeiten. Er beschreibe, so Dermutz, die Leere einer zu Ende gehenden Epoche. Und insofern ist Murx nicht nur ein Abgesang auf die verblichene DDR, das Stück thematisiert Erschlaffung und Erschöpfung am Ende des 20. Jahrhunderts überhaupt.

Es wurde schon darauf verwiesen: Die Langsamkeit als eines von Marthalers Grundmotiven. Mit dem Romanerfolg von Sten Nadolny in den achtziger Jahren wurde „Die Entdeckung der Langsamkeit" ja zu einer vielberufenen neuen Tugend, die konträr zum Zeitgeist steht, der Mobilität einfordert, Beschleunigung bis zum „Immer schneller". Die Langsamen kommen nicht mit, heißt es, sie verpassen das meiste und womöglich das Leben. Demonstrative Ruhe, lange Pausen, Ereignislosigkeit – sie können Angst bereiten. Marthaler geht eher mit Martin Heidegger, der den Schwarzwaldbauern preist, der eine Stunde stumm am Wirtshaustisch sitzt, bevor er den ersten Satz sagt.

Das Verlangsamen von Handlung, die Ausdehnung der Zeit haben den Nebeneffekt, dass man genauer hinsieht, mit geschärfter Wahrnehmung. Dabei hat Langsamkeit wie gesagt etwas Subversives. In einer Zeit, in der Geschwindigkeit ein sozialer Prestigewert ist, in der jeder überall gleichzeitig sein kann, ist Langsamkeit als ästhetische Struktur eine Provokation. Denn man feiert damit diejenigen, die die Zeit als Dauer und Vergehen abgeschafft haben. Das ist nun ein Theater, das durch seinen Rhythmus vor allem sagt: Ich gehöre nicht dazu. Ich mache da nicht mit. Ich beharre.

Und die Zeiger der Uhr stehen still. Nur das Herabfallen der Buchstaben signalisiert, dass die Zeit vergeht. Theater wird zum Ort der Zeiterdehnung und Zeitvernichtung. Und in den von Anna Viebrock imaginierten Räumen, die weder abstrakt noch phantastisch sind, sondern vielmehr durchweg einem peniblen

---

9 Dermutz 2000, S. 20 f.

Realismus verpflichtet, klingt, so Klaus Jungheinrich, etwas von Chirico und Magritte an – der Surrealismus als Möglichkeit einer Realität, die jederzeit ins Irreale umkippen kann. Ihre Bühne ist immer auch „Seelenlandschaft", die das Kunststück fertigbringt, Zeit und Raum zu versöhnen, trotz aller Verformungen, Spreizungen, Überdehnungen, trotz der Manipulation des Sprech- und Bewegungstempos.[10]

Und nicht bloß die Buchstaben fallen. Auch die Menschen fallen immer wieder. Das Fallen als Zeichen. In Christoph Marthalers Inszenierungen fallen sie von Stühlen, sie rutschen auf dem Fußboden aus, sie stellen sich ein Bein, sie fallen einfach nur so. Das Fallen sagt: Die Menschen haben ihr Gleichgewicht verloren.

Marthaler stößt dabei in das Reich des Absurden vor, das eingefahrene Logiken unterwandert und aufhebt. Die Traurigkeit in Marthalers Welttheater wird aufgebrochen von der Komik der Zerstreutheit. Da erzählt einer immer wieder den Witz vom Backen ohne Mehl, den keiner hören will. Durch die Wiederholung verliert auch das sinnloseste Begehren den Grundton der Verzweiflung. Die Schwere löst sich in clowneske Leichtigkeit auf. Die Akteure kämpfen mit trotzigem Mut gegen ihr Schicksal an. Aber je stärker sie von der Macht der Obsessionen und Objekte überrollt werden, von ihren Macken und Marotten, desto tiefer spüren sie, dass etwas in ihrem Leben nicht stimmt. Aber diese Erkenntnis wird verdrängt. Es wird so weitergemacht wie bisher. „Daseinskomik" nennt Klaus Dermutz diesen Zustand. Und definiert Marthalers Theater als „eine Wurzel aus Samuel Beckett und Buster Keaton".[11] Wie bei Beckett gibt es endlose Wiederholungen und das Trotzdem, das in den Kreisläufen aufscheint. Und wie bei Buster Keaton gibt es einen mit völligem Ernst geführten Kampf gegen ein übermächtiges Schicksal. Aber auch Karl Valentin lässt grüßen.

Die kunstvolle Einfachheit wiederum erinnert an den finnischen Filmemacher Aki Kaurismäki. Eine der wichtigsten Regieanweisungen von Marthaler lautet: „Nichts spielen." Nur stehen und die Texte sagen. Man hat tatsächlich das Gefühl, um bei Kaurismäki zu bleiben, das Leben zieht einfach vorüber.

Am Ende ist es noch einmal die Musik, die dem Stück seine Tiefe gibt. Erst öffnet der Heizer kurz eine der Ofentüren, und man hört Fragmente des „Auferstanden aus Ruinen", der DDR-Hymne, deren Text schon zu Ost-Zeiten wegen seines „Deutschland einig Vaterland" politisch nicht mehr opportun war. Nach einem Klezmer-Intermezzo spielen die Akteure auf imaginären Geigen, summen eine bekannte Haydn-Melodie, geben ihr nach und nach auch etwas Text, dieses

---

10 Dermutz 2000, S. 180.
11 Dermutz 2000, S. 51.

„Deutsche Frauen, deutsche Treue", ein in der Neuzeit ebenfalls ungeliebter Text, die zweite Strophe von Hoffman von Fallerslebens Lied der Deutschen. Aus dem Singen wird ein leises Pfeifen. Ganz langsam wird es dunkel. „Das Bild vom Ende der DDR schwappt in die BRD hinüber. Das ist doch unglaublich. Mit ein paar Witzen. Ein paar Liedern. Sonst nichts." So der Kommentar des Schauspielers Josef Bierbichler.[12]

Dabei sind die Marthaler-Produktionen in ihrer Musikalität länderübergreifend. Mit 70 Inszenierungen in 20 Jahren gehört der Schweizer zu den produktivsten Autoren-Regisseuren der Gegenwart, hat in Paris und Salzburg, in Brüssel und Zürich inszeniert. Der Murx-Abend kam mit Gastspielen auf 178 Vorstellungen. Im Frühjahr 2014 hatte am Hamburger Schauspielhaus wieder so ein musikalisch-dramatischer Abend Premiere, mit dem vielsagenden Titel „Heimweh und Verbrechen", in einem dieser magischen Bühnenräume von Anna Viebrock. Man sieht: Marthaler bleibt sich treu. Auch hier sind die einsamen die besonderen Menschen.

Literaturverzeichnis

Dermutz 2000 – Dermutz, Klaus: Christoph Marthaler – Die einsamen sind die besonderen Menschen. Salzburg und Wien.

Müller-Tischler/Ubenauf 2011 – Müller-Tischler, Ute/ Malte Ubenauf: Anna Viebrock – Das Vorgefundene erfinden. Berlin.

Leupin/Spirgi/Truog 2011: Leupin, Remo/Dominique Spirgi/Mara Truog: Ein Theater, das allen gefällt, ist suspekt. Interview mit Christoph Marthaler in der „Tageswoche" (Basel) 11. 11. 2011.

---

12 Dermutz 2000, S. 137.

Krzysztof Wałczyk (Kraków)

Das Theater als therapeutisches Abreaktionsmodell. Bemerkungen zum Orgien Mysterien Theater von Hermann Nitsch

I. Das OMT von Hermann Nitsch. Beschreibung anhand der Aufführung im Wiener Burgtheater 2005

Im Jahr 1998 ging ein künstlerischer Traum des Wiener Aktionisten Hermann Nitsch in Erfüllung. Zum ersten Mal konnte er sein Orgien Mysterien Theater, an dem er seit den 60er Jahren gearbeitet hat, in vollendeter Form eines 6-tägigen Spektakels aufführen. Der Anspruch, mit seiner Performance einen „künstlerischen Weltdeutungsmodell"[1] vorzulegen, gewann an symbolischer Aussagekraft. Die Anspielung an den 6-tägigen Schöpfungsbericht der Bibel ist übrigens nicht die einzige Entlehnung aus der jüdisch-christlichen Tradition. Das Theater von Nitsch ist ein synkretistisches Mysterium, das sich sowohl der christlichen Liturgie als auch der antik-griechischen Dionysios-Mysterien bedient. Der Ort der Aufführung war Nitsch's Wohnort das Schloss Prinzendorf unweit von Wien, an der Österreichisch-Tschechischen Grenze.

Im Jahr 2005 konnte Nitsch sein Theater in Form eines auf acht Stunden reduzierten Spektakels im Wiener Burgtheater aufführen. Für die hier vorgelegte Analyse beziehe ich mich auf die DVD-Aufnahme dieser Aufführung[2]. Als erstes sollte das OMT-Projekt anhand einiger Szenen der Aufführung im Burgtheater geschildert werden[3].

Eine passive Schauspielerin gekleidet in eine weiße Kutte, mit einer Augenbinde steht mit ausgebreiteten Händen in der Mitte der Bühne. Ein aktiver Schauspieler reicht ihr das Blut zu trinken. Sie nimmt einen Schluck Blut in den Mund

---

1 Vgl. Rychlik 2003, S. 37.
2 Nitsch 2005.
3 Auch in meiner ersten Abhandlung über das Theaterprojekt von H. Nitsch habe ich mich auf die DVD-Aufnahme des Rituals bezogen, das im Wiener Burgtheater aufgeführt wurde. Die hier vorgelegte Analyse ist Fortsetzung meiner ersten Auseinandersetzung mit diesem Thema. Diesmal war es mir möglich die Manifestschriften von Nitsch zu berücksichtigen. Vgl. Wałczyk 2012.

und spuckt es langsam auf die Kutte heraus. Diese Handlung wird einige Male wiederholt. Es ist das Blut geschlachteter Tiere, derer Innereien und Kadaver im Nitsch-Theater verwendet werden. Da das Blut bekanntlich für das Leben steht, symbolisiert diese Handlung den Tod (den Tod der Tiere, das Opfer anderer Menschen), dem wir unser Leben verdanken.

Man muss zwischen dem Schlachten der Tiere und einem bewusst vollzogenen Opfervorgang unterscheiden. Nitsch, der das Schlachten der Tiere mit einem Opfer in der Welt der Menschen, das Opfer mythischer Figuren (Dionysos, Ödipus) mit dem Opfer Jesu Christi gleichsetzt, stellt die eigentliche Opferbedeutung in Frage. Auf das Opferverständnis von Nitsch, wird noch zurückgegriffen.

Im zweiten Schritt dieser symbolischen Handlung legt sich die passive Schauspielerin auf den Boden und liegt – kreuzförmig – mit ausgebreiteten Händen. Um sie herum werden reife Weintrauben und Tomaten aufgelegt. Einen weiteren Ring um die passive Schauspielerin bildet eine Gruppe weiß gekleideter aktiver Schauspieler, Männer und Frauen. Den äußersten Ring um sie herum bilden die Zuschauer, die am Geschehen auf der Bühne zuschauend beteiligt sind.

Alle aktiven Schauspieler halten sich an den Armen und fangen an in einer Art Reigentanz die Früchte zu zerquetschen. Eine aktive Schauspielerin setzt sich auf die in der Mitte liegende Passive und versucht in einer ekstatischen Bewegung das Früchtefleisch in sich selbst einzureiben. Sie verhält sich dabei so, als würde sie das Früchtefleisch von der liegenden Akteurin, von ihrer Kleidung nehmen und in sich selbst einreiben.

Das Zerquetschen der Früchte soll helfen, so die Überzeugung von Nitsch, unsere aggressiven, triebhaften und unbewussten (weil verdrängten) Ego-Wünsche abzureagieren und so neu zum Leben zu finden. Die Verwandlung dank Befreiung (Abreaktion) von zerstörerischen Energien (triebhafte Tendenzen des Ego) soll an der ekstatischen Bewegung der tanzenden Gruppe, als auch an der das Früchtefleisch in sich einreibenden Schauspielerin ersichtlich werden.

Die letzte Phase dieser symbolischen Handlung bildet erneut das Tränken mit Blut. Diesmal war es Nitsch selbst, der der passiven Schauspielerin das Blut zu trinken gab. Sie stand, wie zu Beginn, mit ausgebreiteten Händen in der Mitte der Bühne. Zwei aktive Schauspieler begleiteten sie und streckten ihre Arme mit Seilen an ihren Handgelenken aus. Ihr Verhalten bringt verstärkt zum Ausdruck, dass die Opferhandlungen nicht von passiven Schauspielern, sondern an ihnen vorgenommen werden. Das ist ein zusätzliches Indiz, das zwischen dem Opfervorgang des OMT und der religiösen Traditionen unterscheiden lässt. Im letzteren Fall geht es um ein Opfer, das vom Opfernden bewusst vorgenommen wird. Auch in dem Fall, wenn das Opfer einen Ersatzcharakter hat, ist die Identifizierung des Opfernden mit seiner Opfergabe von entscheidender Bedeutung. Dass wir an diesem OMT-Vorgang mit einer Handlung zu tun haben, die die Verwandlung vom Tod zum Leben symbolisiert, soll die Lärm-Musik verdeutlichen. Es überwiegt eine Orgel-, bzw. Streichermusik, die von Trompeten und vom Schlagzeug begleitet werden. Eine über lange Phasen hindurch eintönig wirkende Musik verschafft Spannung. Kommentatoren wie Wieland Schmied sehen darin den Versuch das OMT-Geschehen von der Ebene banaler Wirklichkeit in eine tiefere Bedeutungsebene zu versetzen.[4]

Ich konnte in keiner Phase dieser symbolischen Handlung die Verwandlung mittels der Ekstase feststellen. Nicht der Vorgang erzeugte die Ekstase, sondern die Wirkenden selbst waren darum bemüht, sich in einen ekstatischen Zustand hineinzuversetzen. Ich bezweifle, ob ein solches Verhalten das beabsichtigte Abreagieren triebhafter Tendenzen wirksam ermöglicht.

Die eigentliche Handlung des OMT, die immer wieder in ähnlicher Form aufgeführt wird, verbindet Mensch und Tier. Im OMT- Spiel werden tote Lämmer, Schweine und Kühe bzw. Stiere verwendet. Sie werden tot ins Theater gebracht. Geschieht die Aufführung des OMT in Prinzendorf, dann erfolgt die Schlachtung im Schlosshof und wird von Berufsmetzgern vorgenommen. Das Tier wird enthäutet und ausgeweidet. Die Kadaver kleinerer Tiere, wie Lämmer oder Schweine werden entweder an den Bühnenwänden aufgehängt, oder an den passiven Schauspielern befestigt. Im ersten Fall wurden die passiven Schauspieler prozessionsartig, ausgespannt auf hölzernen Kreuzen, nackt oder in weißer Kutte, Männer und Frauen (darunter auch eine schwangere Frau) von mehreren aktiven Schauspielern auf die Bühne gebracht. Die Kreuze mit den Passiven wurden vor den geöffneten Tierkadavern aufgestellt. Der Zuschauer soll den geöffneten Tierkadaver als Symbol für das Menschenopfer wahrnehmen. Die eigentliche Symbolhandlung beruht darin, dass einige aktive Schauspieler die Tierinnereien in den aufgehängten Korpus einreiben, bzw. in den Innereien wühlen. Die Passiven bekommen das Blut zu trinken, das sie auf die Kutte, oder wenn sie nackt sind, auf sich selbst ausspucken. Wenn der Vorgang zu Ende geht, werden Kreuze mit den passiven Schauspielern in einer inszenierten Prozession herausgetragen. Aktive Schauspieler heben das Kreuz in die Höhe, stellen so die gekreuzigte Person zur Schau und verlassen die Bühne.

Es gab kleine Abweichungen von diesem häufig wiederholten Vorgang. Einige Passive wurden in großen Behältern auf die Bühne gebracht. Auch sie waren auf

---

4   Vgl. Schmied 2001, S.105.

Kreuzen ausgespannt. Geöffnete Tierkadaver wurden direkt an ihrem Körper befestigt. Zwei Aktive hielten die Ränder des Kadavers weit auseinander, um den Einblick ins Korpusinnere zu ermöglichen. Der eigentliche Vorgang beruhte darin, dass eine Gruppe aktiver Schauspieler die Tierinnereinen intensiv, bis zur Ermüdung, in den geöffneten Kadaver einrieben. Während sie in den Innereien wühlten, wurde Blut hineingegossen. Auch diese Handlung sollte ein Menschenopfer symbolisieren. Die Botschaft lautete, wir finden zu uns selbst, indem wir unsere verdrängten Triebwünsche, insbesondere das Tötungsbedürfnis abreagieren. Und da der Abreaktionsvorgang als Opfer verstanden wird, lässt sich Nitsch's Botschaft auch so formulieren: wir leben vom Opfer der anderen.

In diesem Zusammenhang wäre noch auf andere Abreaktionsformen des OMT einzugehen. Ein Lammkadaver hängt an einer weißen Bühnenwand. Unter ihm sitzt ein nackter passiver Schauspieler mit einer Augenbinde. Nitsch selbst reißt im Kadaver ein Loch, in das er Blut hineingießt. Es fließt von dieser „Seitenwunde" heraus und tropft auf den passiven Schauspieler. Zum Mitmachen werden auch einige der Zuschauer eingeladen. Sie nehmen einen schmalen Glaskolben mit Blut, gießen es in die „Seitenwunde" des Tierkadavers hinein und beobachten, wie es auf den passiven Schauspieler heruntertropft.

Meint die „Seitenwunde" eine Anspielung an die Kreuzigung Jesu? Nitsch selbst betrachtet den Kreuzestod Jesu in mythischen Kategorien und sieht darin die Widerspiegelung mythologischer Heldenschicksale, wie das von Dionysos, Ödipus und vieler anderen. Es wundert nicht, wenn Nitsch eine Art „Personifizierung" tierischer Opfer vornimmt, indem er im OMT nicht nur auf mythologische, sondern auch auf christliche Inhalte anspielt. In seinem Manifest schreibt er: „versucht man allen bedeutungsgehalt, alle kult- und opferhandlungen aller zeiten in die religiöse interpretation zu verweisen, bleibt eine ungeheuere sinnliche intensität dieser vorgänge. das numinose offenbart sich durch die intensität der vorgänge selbst. zwischen dem tieropfer, jenen menschenopfern, bei denen knaben bei lebendigem leib das herz herausgerissen wird, dem zerrissenen dionysos, dem geblendeten ödipus und dem gemarterten jesus christus scheint kein so grosser unterschied zu sein. eine struktur offenbart sich..."[5]. Dass Nitsch keinen Unterschied zwischen dem Schlachten der Tiere und einem freiwillig und bewusst vollzogenen Opfer sieht, beweist, dass ihn nur die äußere Form des Opfervorganges interessiert, die er für das Opfer selbst hält. Ein solches Opferverständnis widerspricht der religiösen Praxis, die darin den Versuch sieht, sich mit einer höheren (göttlichen) Kraft in Verbindung zu setzen, um Schutz, bzw. Unterstützung zu erfahren.

---

5   Nitsch 1998, S. XXXIX.

„Do ut des" (ich gebe/schenke damit auch du gibst/schenkst) lautete die Begründung des Opfervorganges. Er war (und ist) Ausdruck einer Beziehung, in der sich der Mensch auf eine höhere Kraft bezogen weiß (erfährt). Diese für das Verständnis des Opfervorganges wesentliche Beziehung fehlt bei Nitsch.

Höchst kontrovers kommt mir eine Szene vor, in der ein OMT-Schauspieler in das ausgeweidete Kuhkadaver hineinsteigt. Eine geschlachtete Kuh wird in einem Ziehwagen auf die Bühne gebracht und dort vor Augen aller Versammelten (der Zuschauer) enthäutet, ausgeweidet und auf einem speziell angefertigten Gestell aufgehängt. Der geöffnete Kadaver hängt mit dem Kopf nach unten. Zwei Schauspieler ziehen die Ränder des geöffneten Kadavers weit auseinander. Andere legen Innereien hinein. Ein Schauspieler steigt in den Kadaver hinein. Andere reiben die Innereien in den geöffneten Kadaver hinein, werfen sie auf den Schauspieler im Kadaver, begießen ihn mit Blut. Die Schaukelbewegung dieses Schauspielers scheint die Geburt zu imitieren. Er vertieft sich in den Kadaver hinein und taucht wieder auf.

Die letzte Szene des OMT im Wiener Burgtheater zeigt einen nackten, ans Kreuz angebundenen Schauspieler. Das Kreuz wird zentral vor dem geöffneten Kuhkadaver auf einem Gestell aufgestellt. Dem Schauspieler wird das Blut zum Trinken gereicht – ein Vorgang, der sich eigentlich in allen symbolischen OMT-Handlungen wiederholt. Der Schauspieler spuckt das Blut aus, das auf seinem nackten Körper herunterfließt. Eine weitere Symbolhandlung scheint erneut eine Anspielung an christliche Inhalte zu sein. 4–5 Gruppen aktiver Schauspieler mit je 3–4 Personen bringen mehrere Meter lange Stangen mit einem befestigten Schwert und imitieren eine Tötungshandlung durch Durchstechen. Die Schauspieler tragen die Stangen demonstrativ auf und berühren mit den Schwertern den Gekreuzigten. Die Anspielung bezieht sich auf ein Golgathaereignis als einer der römischen Soldaten, die Jesus gekreuzigt haben, ihn (sein Herz) mit einer Lanze durchbohrt hat. Dieser Brauch soll den Tod des Gekreuzigten bestätigen, bzw. herbeiführen.

Zum Schluss wird der Kuhkadaver auf den Boden (auf einem hölzernen Kreuz!) gelegt. Um den Kadaver werden Trauben und Tomaten gelegt. Das Kreuz mit dem passiven Schauspieler wird auf den Kadaver, bzw. in den Kadaver hineingelegt. Einen weiteren Ring um das Kreuz im Kadaver bilden aktive Schauspieler, die sich an den Armen halten und tanzend (Reigentanz) die Früchte zerquetschen. Am Kuhkadaver sitzen weitere Akteure, die während des Tanzes ihrer Kollegen die Innereien in den Kadaver einreiben, in den Innereien wühlen und imitieren dabei eine ekstatische Erfahrung. Einige aktive Schauspieler werfen zum Opferaltar mit dem Kadaver und dem Gekreuzigten Fleischstücke – tierische Innereien hinein. Die tanzende Gruppe und die Schauspieler am Kadaver werden mit Blut begossen. Der Vorgang wird vom wilden Geschrei der Schauspieler begleitet, den die Lärmmusik verstärkt.

Die Musik des OMT verdient eine zusätzliche Bemerkung. Ich habe schon früher erwähnt, dass die Musik die Dramaturgie der OMT-Rituale steigert. An der Aufführung im Burgtheater war ein ganzes Orchester beteiligt. Wir hören ein Streichorchester, Blaskapellen, Orgel, Trompeten, Kirchenglocken, Gongs und Schreichöre. Die Musik spielt eine doppelte Rolle. Die eintönige, immer lauter wirkende Musik, unterbrochen von der Marschmusik des Schlagzeugs verstärkt die Spannung. Aber wir hören auch flotte Volksmusik, die zwischen den Opfervorgängen um Entspannung sorgt.

Nitsch ist davon überzeugt, dass sein OMT und seine Abreaktionsdynamik den Nerv unserer Wirklichkeit treffen. Um den Anspruch auf die Allgemeingültigkeit zu signalisieren, verlegt er auch den OMT-Vorgang vom Theater nach Außen in die Stadt. Eine große Schauspielergruppe trägt eine Plattform mit dem Kuhkadaver auf einem Gestell und einen ihrer „gekreuzigten" Kollegen um das Theater herum. Die Prozession bleibt vor dem Haupteingang ins Theater stehen und die Schauspieler setzen ihre Symbolhandlungen fort. Dem „Gekreuzigten" wird das Blut zum Trinken gereicht, sein Körper wird mit den Schwertstangen „durchbohrt".

Nitsch bleibt der Grundeinsicht des Aktionismus treu, indem er die zufälligen (und das heißt, unvorbereiteten) Passanten mit den Handlungen seines OMT unter Schock setzt und so, wie er meint, zum Umdenken provoziert.

II. Das Orgien Mysterien Theater – Versuch einer kritischen Auseinandersetzung

Die Abreaktion triebhafter Wünsche im OMT und das Problem einer geistigen Verwandlung

Lesen wir Nitsch Schriften, in denen er sein OMT-Konzept erklärt und begründet, so fällt uns auf, dass er immer wieder vom Abreagieren verdrängter, unbewusster Libido-Energien spricht. Der Wiener Aktionist bedient sich psychoanalytischer Analyse menschlicher Psyche und behauptet, dass unser aggressives Verhalten Folge von Ausbrüchen dieser Energien sei. Zu der Verdrängung libidinöser Wünsche kommt es aufgrund kultureller Zwänge. Nitsch bleibt bei der Feststellung hängen, dass zwischen der Gesellschaft und dem Einzelnen eine Spannung, ja eine unüberwindbare Kluft herrscht. Die sozialen Regelungen hindern uns daran zu uns selbst zu finden: „Die gesellschaft nimmt uns alle existenzielle bewährung ab, erledigt sie für uns. Gesetze und satzungen verhinderten unsere Selbstverwirkli-chung. Die nicht zum erlebnis gekommen (verdrängte) intensität wird zum uns unbewußten wunsch zu töten"[6]. Mit seinem Theaterprojekt, das er auch als „psy-choanalytische dramaturgie" bezeichnet, schafft Nitsch einen rituellen Rahmen für die Abreaktion verdrängter Triebe und Energien. Sein Theater spielt somit eine therapeutische Rolle: „ich stellte an mein theater therapeutische ansprüche. ich habe diese ansprüche bis heute nicht zurückgenommen, nur gilt heute der künst-lerischen verwirklichung all meine aufmerksamkeit. jedenfalls entwickelte ich ca. 1960 ein dramaturgisches abreaktionsmodell. (...) mein theaterkonzept gebraucht in die tiefe lotende, sinnliche empfindungen. (...) reale sinnliche empfindungen sollen im unbewussten liegende konflikte lösen, verdrängtes wird ausgestossen. abreaktion findet im rahmen innerhalb der absicherungen des theaters statt und wird durch die form, durch einen durch die kunst dazutretenden faktor bewusst gemacht (...)"[7].

An einer anderen Stelle desselben OMT-Manifestes schreibt er: „die dramatur-gie meines theaters hat einen extremen exzess aufgespürt (zumindst hat der exzess sich in meine theorie als lebensexzess, als explosion des lebens hineingeträumt). die wucht der abreaktionsbefriedigung ist so stark, dass die lust, die wollust sich in ihr gegenteil, in die qualwollust verkehrt"[8].

Wenn ich die Aussage von Nitsch richtig verstehe, genügt die Intensität des Abreaktionsvorganges allein, um die geistige Wende des OMT-Teilnehmers zu bewirken. Nitsch geht, wie es scheint, vom Standpunkt der Selbsterlösung aus. Sollte der Mensch allein dank dem Abreaktionsvorgang, dank der Abreaktion verdrängter Triebwünsche zu sich selbst finden, müsste das konsequent bedeuten, dass wir immer schon im Besitz unserer selbst sind. Das wäre aber eine Behaup-tung, die der psychologischen (und auch psychoanalytischen) Überzeugung von der Selbstfindung als Entwicklungsprozess widerspricht. Ich finde die Bestätigung dieser These in der Aussage von Otmar Rychlik, eines der engsten Mitarbeiter von Nitsch. Rychlik schreibt über Nitsch's Kunstauffassung: „Zweifellos ist das Werk von Hermann Nitsch ein Theater der Obsessionen, einer bestimmten Besessenheit von Kunst, vor allem durch die Überzeugung, dass der Mensch im Exzeß der theatralischen Aktion buchstäblich erlöst werden kann, dass ihm die Möglichkeit der Katharsis gegeben ist (...)"[9].

6 Nitsch 1969, S. 341.
7 Nitsch, 1999, S. XLIII.
8 Ebd., S. XLVI.
9 Rychlik 2003, S. 29.

Die beabsichtigte optimale Intensität der Geschehnisse des OMT setzt voraus, dass die Schauspieler und die Zuschauer des OMT mit allen Sinnen in die Abreaktionsprozesse involviert werden. Das erklärt, weswegen Nitsch sein Theaterkonzept als Gesamtkunstwerk bezeichnet. Er schreibt dazu: „hier handelt es sich um ein gesamtkunstwerk, reale geschehnisse werden inszeniert, alle fünf sinne werden beansprucht, eine reale handlung ist über alle fünf sinne erfahrbar. die aktionen des o. m. theaters, die auf den tod ausgerichtet sind, bringen ihn nicht gesäubert von jeder tiefenwirkung. er wird über die sinne zutiefst erfahren. blut und fleisch werden gerochen, geschmeckt, der geruch der eingeweide und des kotes. die gladiolenbunten, feuchten, frischen blumenfarben des blutigen fleisches und der inneren organe des dampfenden, dunstenden gekröses. es wird getastet, berührt. es wird hineingegriffen in das feuchte, nasse, kalte oder warme blut und blutwassernasse fleisch. geknetet werden die schleimigen, weichen, prallen gedärme. urin und wein verspritzt. alle diese intensiven eindrücke sind nahe dem ekel. kann der ekel übergangen werden durch die intensität des erlebten, wird in die tiefe des lebens gedrungen. das sein wird intensiv erfahren"[10].

Die vorgetragenen Nitsch Aussagen zum OMT-Konzept und der Intensität der aufgeführten Aktionen erklären die geistige Verwandlung der OMT-Teilnehmer nicht. Die Erfahrungen mit der Abreaktion unserer Frustration und Triebe mittels unterschiedlicher Veranstaltungen populärer Kultur, wie z. B. der Filmindustrie, die uns mit dem Tod immer mehr, d. h. immer intensiver konfrontiert, lehren uns das Gegenteil. Die Abreaktion durch das Ausleben instinktiver Zwänge ermöglicht nur eine kurzfristige Befriedigung der Libido-Wünsche. Das Bedürfnis nach Abreaktion (Ausleben der Instinkte) erfordert eine immer intensivere Abreaktionsform. Die Abreaktionsdynamik verlangt nach immer intensiveren Auslebensformen, weil sie außerstande ist uns mit unserem wahren Selbst zu konfrontieren. Das Verlangen nach dem wahren Selbst wird in den Abreaktionsstrategien populärer Kultur immer wieder frustriert. Das erklärt warum die Abreaktionsdynamik nach einer immer intensiveren Auslebenspraxis verlangt.

Die Identitätsbildung dank der Aneignung des wahren Selbst, des Ideal-Ich findet in Analysen von Nitsch keine Anerkennung und übt auch keinen Einfluss auf das OMT aus. Dabei müssten ihm seine psychoanalytische Studien klar machen, dass die Identitätsbildung dank der Faszination im Vorgriff auf das wahre Selbst zustande kommt. Freuds Analyse der Identitätsbildung legt nahe, dass sie infolge der Internalisierung sozialer Erwartungen und Vorschriften erfolgt. Der Prozess der Internalisierung erfordert, dass der einzelne Schutz und Geborgenheit

---

10 Nitsch 1999, S. LI.

vonseiten der Gesellschaft erfährt. Damit ist auch die Bejahung seiner Selbst gemeint. Das ist die Basis, die die Internalisierung des Ideal-Ich (gesellschaftlicher Erwartungen) und das entstehen des Real-Ich ermöglicht.

Nitsch wollte die verdrängten Id-Wünsche mittels rituellen Auslebens an einem Ersatzobjekt (am toten Tier) abreagieren. Bleibt es dabei, dass wir unsere unbewusste Wunsch-Sphäre nur abreagieren, dann bleibt die Kluft zwischen sinnlicher und geistiger Natur des Menschen, die Nitsch überwinden möchte, bestehen. Der Konflikt, der unser aggressives Verhalten bedingt, bleibt nach wie vor der bestimmende Faktor unseres Verhaltens, weil Abreaktion weder Überwindung, noch Verwandlung mit sich bringt[11].

Es überrascht, dass Nitsch nur vom Abreagieren und Ausleben libidinöser Energien spricht und kaum die Chance positiver Inspiration von spirituellen Werten wahrnimmt. Dabei waren es die kulturellen Helden, die die mythischen Ideale verwirklicht haben. Das, was sie einmal verwirklicht haben und wovon die Mythen erzählen, übt inspirierende Wirkung aus mittels ritueller Vergegenwärtigung.

Auf der Linie der Identitätsbildung mittels der Verinnerlichung des Superego (des Ideals) verläuft sowohl die psychoanalytische Analyse der Identitätsbildung (Nitsch weicht hier auffallend von dieser Analyse ab) wie auch J. Huizingas bahnbrechende Sicht des Spiels als Kulturwurzel. Anstelle des Id entsteht durch Identifizierung mit dem „Super/Ideal-ich" eine Instanz, die in der Psychoanalyse als „Real-ich" bezeichnet wird[12].

Huizinga hebt hervor, dass Spielelemente die Befriedigung unserer triebhaften Wünsche, wie Hunger und Erotik begleiten. Die triebhaften Lebensnotwendigkeiten erfahren dadurch eine Verwandlung und wir nicht mehr von der Befriedigung der Triebe, sondern von der kulinarischen Kunst, sowie von der Erotik sprechen, die Ausdruck geistiger Natur des Menschen ist. Gerade in Bezug auf diese beiden Ego-Wünsche sehen wir, dass wir zu uns selbst nicht infolge des Auslebens unserer

---

11 Nitsch hebt die geistige Verwandlung infolge des Auslebens und Abreagierens instinktiver Zwänge in fast allen Abhandlungen zu OMT, neuerlich im Text „Die Messe als Ort der orgiastischen Daseinsfindung", s. Nitsch 2011: „als dramatiker versuchte ich (…) durch meine (…) abreaktionsspiele (…) die verdrängte dionysische lebendigkeit aus ihrem gefängnis zu befreien. ich wollte in die tiefen schichten der psyche greifen und die werte wieder umdrehen" (S. 81).

12 Vgl. dazu an die Auseinandersetzung mit dem OMT-Konzept von G. Rombold 1998, S. 130. Die in diesem Buch vorgelegte OMT Analyse ist die Fortsetzung Überlegungen Rombolds, die er in einem früheren Entwurf zur modernen Kunst vorgelegt hat, vgl. Rombold 1988, S. 212–216.

Instinkte finden, sondern durch ihre kulturelle Verwandlung dank dem Vorgriff auf unser wahres Selbst.[13]

In diesem Zusammenhang wäre noch auf die identitätsstiftende Rolle der Kunst, insbesondere die des Theaters einzugehen. Die Bedeutung künstlerischer Aktivität schöpft sich nicht im Abreagieren frustrierter Wünsche und Erwartungen aus. Die künstlerische Versetzung in die Welt der Ideale, oder anders gesagt, die Vergegenwärtigung der Idealwerte mittels künstlerischer Darstellungen ermöglicht, dass wir zu uns selbst finden. Wir werden dank der Kunst von der Welt der Ideale fasziniert und das befähigt uns im Einklang mit dieser Werteerfahrung unser Verhalten zu bestimmen.

Das Raubtier in uns – Nitsch's phylogenetische Analyse

In den Schriften von Nitsch zur OMT-Dynamik finden wir eine phylogenetische Analyse, die den OMT-Vorgang begründen soll. Er schreibt: „Für den frühzeitmenschen war die tötung eine täglich notwendige bewährung und lebensverwirklichung, es handelte sich um überleben und überwältigen. Die tötung (**die wollust des tötungserlebnisses** – Hervorhebung vom Vf.) arbeitet sich als eine der urformen der existentiellen bewährung und des intensiven sich erlebens heraus, wobei hinter die menschliche realität in unsere tierheit zu sehen ist. Zumindest soll gesehen werden, was in dieser hinsicht an unserer organisation dem tiere ähnlich ist. Das tötende, jagende tier, das raubtier wartet auf das opfer, auf die nahrung. Alle sinne, alle kräfte sind gespannt aufgestaut bis zum akt der tötung. Eine plötzliche rauschhafte befriedigung tritt ein, wenn das opfer gerissen wird, die zähne graben und schneiden sich in das von hellem, lebendigem blut durchpulste fleisch des opfers, warmes, rohes fleisch und blut wird geschmeckt. Nicht viel anders wurde die tötung vom frühzeitmensch erlebt. (…) Der durst nach existenz ist im töten des raubtieres. Etwas von der lust nach diesem erlebnis ist noch in uns"[14].

Die Rückbesinnung auf die phylogenetische Entwicklung und auf die paleolitische Jägerkultur scheint die Abreaktionsformen des OMT zu rechtfertigen. Und doch ist auch der Versuch „die wollust des tötungserlebnisses" mit der Berufung auf den archaischen Frühzeitmenschen anzufechten. J. Campbells Analyse der Jägerkultur stellt das wollüstige Töten in Frage: „Zum typischen Glaubenssystem der Jäger, die Tiere töten und essen, gehört die Auffassung, daß das Tier ein gleichwertiges Wesen in anderer Gestalt ist. Es wird verehrt, geachtet – und dennoch

---

13 Vgl. zur Spielauffassung Huizings: Huizinga 2007, S. 11–49.
14 Nitsch 1969, S. 339.

getötet. Die Jägerkulturen waren in ihren Mythen – und das bestätigen alle Mythen – grundsätzlich der Ansicht, das Tier opfere sich bereitwillig. Das Tier tut dies unter der Bedingung, daß es voller Dankbarkeit getötet wird und die Jäger eine Zeremonie abhalten, die sein Leben dem mütterlichen Urquell zurückgibt, damit es im nächsten Jahr wiedergeboren wird. (…) Es ist, als gäbe es einen Bund zwischen dem Tier und der Welt der Menschen, der das Mysterium der Natur respektiert, daß nämlich das Leben durch Töten weiterlebt"[15].

Nitsch würde die Schlussbehauptung von Campbell natürlich bejahen. Aber die Übereinstimmung beider Autoren sollte nicht darüber hinwegtäuschen, dass der international anerkannte Mythenforscher Campbell keine Bestätigung für die menschliche „wollust am töten" liefert.

Abreaktion und ekstatische Verwandlung

Ich habe in der bisherigen Analyse die Möglichkeit einer geistigen Wende infolge des Auslebens instinktiver Zwänge im OMT bezweifelt. Nitsch selbst und seine Mitstreiter sehen den Beweis für die vollzogene geistige Wende am ekstatischen Zustand, in den die OMT-Teilnehmer, die Schauspieler und die Zuschauer, versetzt werden. Nitsch schreibt dazu:

> „sinnlich intensive handlungen provozieren das sinnliche Wahrnehmungsvermögen des menschlichen, treffen die tiefste natur des Menschen (…). die abreaktionsriten des o.m. theaters sind als psychoanalytische dramaturgie so gebaut, dass sie durch intensität, durch sinnliche elementarempfindungen in die tiefe loten. (…) der zuschauer (spielteilnehmer) wird hellwach, er wird aus seiner lauheit herausgenommen, er wird in einen zustand versetzt, er wird ins sein gebracht, er erfährt vehement, dass er ist. er erlebt, er erwacht ins leben. alles gestaute, verdrängte, ungelebte leben gelangt zum erlebnis. es wird tief rauschhaft, tief ausholend erlebt. leben erfüllt die teilnehmer dieses welttheaters. der zuschauer erfährt abreaktion, alle gestauten energien werden aus dem unbewussten entlassen, gelangen durch die form zum bewusstsein…"[16].

Eine der OMT-Schauspielerinnen, die sowohl in passiver als auch in aktiver Rolle auftrat, bestätigt mit Berufung auf ihre eigenen Erfahrungen den Ekstasezustand: „Ich lag auf einer Schrägbahre mit einem Schwein auf dem Bauch. Wenn du mit verbundenen Augen auf der Bahre liegst, nimmst du vieles ganz anders, intensiver wahr. Die Gerüche, die Geräusche, auch den Geschmack. (…) Als Aktiver hingegen erlebst du das Geschehen ganz anders, du klaffst einen Tierkörper auseinander oder wühlst in Gedärmen, du trägst die auf den Bahren und Kreuzen

---

15 Campbell 1993, S. 15.
16 Nitsch 1999, S. XLIV; vgl. auch Nitsch 1969, S. 45.

liegenden und angebundenen Passiven, die eine Augenbinde tragen. Das gibt dem Beschauer den Eindruck von Hilflosigkeit und Ausgeliefertsein. Es ist körperlich sehr anstrengend. Das Wühlen muss sehr energisch und kraftvoll sein. Es dauert teilweise sehr lang, und dir geht irgendwann die Kraft aus, du bist erschöpft – das gehört zum Konzept, zur Dramaturgie. Du würdest am liebten aufgeben und trotzdem wühlst du weiter und weiter. Dann fährt dir eine Leber ins Gesicht oder ein Beuschel, du kriegst keine Luft, schmeckst Blut, riechst Schweiße, hörst Musik, das Lärmorchester, die schrillen Töne. Du bist im Sinnesrausch..."[17].

Sinnesrausch, bestimmt, aber für eine geistige Verwandlung sehe ich kein Anzeichen.

Wolfgang Tunner, der über den Wiener Aktionismus promoviert hat und in einer vertrauter Beziehung zu Nitsch steht, bezweifelt dagegen die Authentizität ekstatischer Zustände der Zuschauer von OMT. In seiner Stellungnahme zum OMT finde ich Bestätigung meiner eignen Vorbehalte:

> „Für Nitsch sei die Katharsis etwas Zentrales. (…) ein zentraler Begriff, den Nitsch immer wieder gebraucht. Allerdings habe ich mich vom Anspruch einer therapeutischen Wirkung seines Theaters stets distanziert. Es kommt da zu keinen vorhersagbaren therapeutischen Läuterungen – im Gegenteil, das Publikum steht dem Geschehen eher verständnislos gegenüber, auch wenn es so tut, als würde es mitmachen."[18]

Denselben Eindruck habe ich von der Reaktion der Zuschauer im Burgtheater bekommen. Von ekstatischen Zuständen kann keine Rede sein. Auch das Verhalten der „eingeweihten" Schauspieler vermittelt den Eindruck, dass ekstatische Zustände im Fall einiger von ihnen eher die Konsequenz des Sich-hineinversetzens in einen solchen Zustand, als Ergebnis des OMT-Geschehnisses waren. Diesen Eindruck teilten auch viele Studenten der Kulturwissenschaft der Akademie Ignatianum in Krakau, als auch junge Schauspielanwärter der Hochschule für darstellende Kunst (PWST) in Krakau, mit denen ich über das OMT diskutiert habe. Diese Beobachtungen sind ein zusätzliches Indiz, um die Verwandlung mittels der Abreaktion im OMT in Frage zu stellen.

Betroffenheit, Erschütterung als Folge der Abreaktion

Worauf die Abreaktionsvorgänge des OMT hinwollen, das erklärt Nitsch in einem Manifestschreiben, einer Art Zusammenfassung nach der Aufführung des 6-Tage-Spiels im Jahr 1998. „das töten ist so sehr tabuisiert, dass niemand die intensität

---

17   Martin 2008, S. 23.
18   Ebd., S. 246–247.

und das erschreckende und ergreifende, die wucht dieses vorganges wahrhaben oder registrieren will, damit nichts zu tun haben will. ich meine jetzt nicht die seichte befriedigung des voyeurs, um die geht es nicht. es geht auch nicht um verherrlichung von gewalt und töten. es geht um viel mehr, um das betroffen-sein, um das schreckliche erschüttert sein, um die wut der gewalt gegenüber, um die dionysische wut, die hervorgerufen wird, die unerschöpflich leben immer wieder hervorquellen lässt und provoziert"[19].

In einer unüberwindbaren Spannung zu dieser Aussage bleibt ein anderes Nitsch Bekenntnis über die Motive der OMT-Handlung: „Die freude am plantschen, spritzen, schütten, beschmieren, besudeln steigert sich zur freude am zerreißen des rohen fleisches, zur freude am herumtrampeln auf den gedärmen. (...) Das dramatische wühlt sich in die freude an grausamkeit. Das chaos, ein orgiastischer rausch bricht über uns herein. Die intensität des erlebens läßt eine mystik der agression und grausamkeit entstehen. Der dramatische effekt wird als ästhetischer rausch des zuschauers bzw. spielteilnehmers begriffen"[20].

Im Manifest „Bluttext zur Malaktion..." (1998) schreibt er: „konzentrieren wir uns wieder auf das blut und auf jene faszination, die eben fleisch, blut und innere organe ausüben können. eben das schleimige, kotschleimige blutrot, feuchtnass fleischige bringt uns zu intensiverem registrieren der jäger, das raubtier in uns gesteht sich das interese am ausweiden eines erlegten tieres ein. (...) fleisch und blut (...) beanspruchen unser sinnliches empfinden"[21].

Die späten Bekenntnisse bestätigen, was Nitsch über seine Aktionsaktivität schon in den 60er Jahren geschrieben hat. Ein über seine Beweggründe viel aussagendes Bekenntnis anlässlich erster Symbolhandlungen stimmt nachdenklich: „Ich... klatsche und werfe die festeren objekte an wände und boden. (gemeint sind die Lamm-Innereien – K.W.) Ich steige auf fleisch- und innereiteilen herum, bringe gedärme zum platzen und trample neuerlich auf den auf dem leintuch liegenden resten herum. ... Ich löse das lamm von seiner befestigung, nehme es bei den hinterfüßen und schlage es mehrmals kräftig an die wand, weiters schlage ich das tote tier mit dem kopf an die kante eines mit einem weißen tuch bedeckten tisches. Zuletzt werfe ich den abgehäuteten kadaver auf den boden, trete ihn mit füßen, schleife ihn vor mir her, trete und trample darauf herum und reiße die gedärme und innereien aus der brust des tieres"[22].

---

19 Nitsch 1999, S. L.
20 Nitsch 1969, S. 337.
21 Nitsch 1998, S. XXXIX.
22 Nitsch 1969, S. 157–158.

Dieses Bekenntnis stimmt mit der Einsicht überein, wie Nitsch die Rolle des Künstlers (seine eigene Rolle) versteht:

> „Dem Künstler (…) obliege es, das allgemein Verdrängte bewußt zu machen, indem er es in Stellvertretung für alle auslebe. ‚Ich nehme durch meine kunstproduktion… das scheinbar negative, unappetitliche, perverse, obszöne, die brunst und die daraus resultierende opfer-hysterie auf mich, damit IHR EUCH den befleckenden, schamlosen abstieg ins extrem erspart"[23].

Man fragt sich, wie ein solcher Vorgang den Menschen sensibilisieren und zur inneren Verwandlung führen soll? Es ist anzunehmen, dass wir hier mit einem erstaunlichen Abreaktionsvorgang zu tun haben. Dieser Vorgang ist nur bei der Annahme nachvollziehbar, dass wir, wie Nitsch behauptet, ein unbewusstes Bedürfnis, einen „tief in uns liegenden wunsch des raubtieres, zu töten" empfinden.[24] Ob wir alle wirklich einen solchen Wunsch empfinden, ist zu bezweifeln. Er lässt sich nicht einmal mit Berufung auf psychoanalytische Analysen unserer Psyche begründen. Dass sich die verdrängten Id-Wünsche zum Tötungswunsch steigern, bleibt eine wage Behauptung.

Wieland Schmied, ein vor wenigen Monaten verstorbener deutscher Kunstkritiker, galt in Nitsch's Augen für den Kritiker, der sein OMT und seine Schüttmalerei gut verstanden hat.[25] Schmied stand der Behauptung eines allgemeinen Tötungswunsches reserviert gegenüber und er sieht in OMT Ausdruck sadomasochistischer Urbedürfnisse von Nitsch selbst. Schmied schreibt:

> „Für denjenigen jedoch (…) der sich von dergleichen aufgestauten atavistischen Aggressionen frei fühlt, der sich nicht gedrängt fühlt, in einem Tierkadaver zu wühlen (…) bleibt nur die Vermutung, daß es für den Autor des Orgien Mysterien Theaters ein von den Anfängen an tief in seiner Psyche oder in seinem Unbewußten verankertes sadomasochistisches Urbedürfnis gewesen sein muß, dergleichen zu tun und vor anderen zu inszenieren"[26].

Nach all dem, was oben über den OMT-Abreaktionsvorgang gesagt wurde, kommt es mir vor, dass Schmied's den eigentlichen Beweggrund des OMT bei Namen nennt.

Es war mir nicht möglich, mich in diesem Artikel mit allen Facetten des Orgien Mysterien Theaters von Hermann Nitsch auseinanderzusetzen. Ich bin mir dessen bewusst, dass diese Abhandlung ausführlicher die Opferfrage behandeln

---

23 Ebd., S. 36.
24 Nitsch 2011, S. 80–81.
25 Vgl. Martin 2008, S. 233.
26 Schmied 2001, S. 104.

müsste.[27] Ich habe nur erwähnt, dass Nitsch's umstrittene Gleichsetzung der Tier-
schlachtungen mit dem Opfervorgang religiöser Traditionen einen wesentlichen
Unterschied übersieht und im Grunde ein Missverständnis ist. Eine religiöse Op-
ferhandlung ist Ausdruck einer Beziehung, in der sich der Mensch auf eine höhere
Kraft angewiesen weiß und deren Segen er herbeiführen möchte. Auch Nitsch's
Einstellung zum Christentum und zur christlichen (katholischen) Liturgie erfordert eine Auseinandersetzung. Der Wiener Aktionist bekennt:

> „ohne das christentum gläubig zu praktizieren, faszinierten mich die sinnliche austrah-
> lung und vor allem die assoziationsaura, die diese objekte (gemeint sind die Kultobjekte
> christlicher Liturgie – KW), geräte mit bedeutungsschwere umgab. sie strahlten die magie,
> die aura des heiligen, der heiligen kulthandlung, des mysteriums aus."[28]

An einer anderen Stelle desselben Artikels schreibt er:

> „ich habe kein praktizierendes verhältnis zum christentum. ich stehe seinen symbolen
> und botschaften zwar begeistert, aber doch distanziert, eher phänomenologisch gegen-
> über. meine überzeugung ist die, dass alle religionen, nicht nur das christentum, verschlüs-
> selt die transzendenz, die botschaft des ganzen übermitteln und uns einen weg zeigen,
> damit wir uns in der uns umschließenden ewigkeit und unendlichkeit zurechtfinden"[29].

Wir sollen die Termine „die transzendenz", „ewigkeit" und „unendlichkeit", die
Nitsch gebraucht nicht missverstehen und sie nicht in religiösen Kategorien aus-
legen. Ausschlaggebend scheint die Bemerkung zu sein, es geht ihm darum „die
botschaft des ganzen" zu erfassen. Er erklärt das folgendermaßen:

> „hinter den mythen, den dogmen und den lehren der religionen liegt die unaussprech-
> liche weltwirklichkeit . (…) eine über unsere erfahrungsmöglichkeiten hinweggehende
> wirklichkeit drängt (…) in unser sich ausweitendes bewusstsein"[30].

Was ist aber diese Wirklichkeit, die über unsere Erfahrungsmöglichkeiten hin-
weggeht? Meint er etwa eine göttliche Instanz? Bestimmt nicht. Die Person Christi
ist für ihn eine mythische Figur, eine Art Weltprinzip und sein Kreuzestod eine
Form, die verändert theatralisch einsetzbar ist und Abreagierung verdrängter
Triebwünsche ermöglicht.

Es stellt sich die Frage, was mit dem rein äußerlich als Form betrachteten katholischen Ritus (bzw. mit ausgewählten Elementen dieses Ritus) erreicht werden

---

27 Zur Opferauffassung von H. Nitsch im Vergleich mit R. Girardes Sündenbocktheorie,
    s. Hurka 1997, S. 99–121.
28 Nitsch 2011, S. 82.
29 Ebd., S. 80.
30 Ebd.

kann. Verfügen wir über kein gläubiges Verhältnis zum göttlichen Urgrund der Welt-Wirklichkeit, dann kann weder von der Vergegenwärtigung der göttlich gestifteten Weltordnung im Ritus, noch von einer geistigen Verwandlung im Sinne des Einseins mit Christus die Rede sein. An Stelle des Opfers Christi und der Erfahrung transzendenter, göttlicher Wirklichkeit treten die Schlachtung der Tiere und die Abreaktionshandlungen. Diese Handlungen sind nichts anderes als eine Rationalisierung der Liturgie und im Grunde eine Ersatzform der Religion[31].

Literaturverzeichnis

Campbell 1993 – Campbell, Joseph: Mythen der Menschheit. München.

Huizinga 2007 – Huizinga, Johann: Homo ludens. Zabawa jako źródło kultury. Warszawa, S. 11–49.

Hurka 1997 – Hurka, Herbert M.: Phantasmen der Gewalt. Die mediale Konstruktion des Opfers. Wien, S. 99–121.

Martin 2008 – Martin, Freya: Der Nitsch und seine Freunde, Wien/Graz/Klagenfurt.

Nitsch 1969 – Nitsch, Hermann: Orgien Mysterien Theater. Darmstadt.

Nitsch 1998 – Nitsch, Hermann: Bluttext zur Malaktion im Sechstagespiel des Orgien Mysterien Theaters (1998). Vorgetragen am 4. August 1998 auf dem Schüttboden von Schloss Prinzendorf, in: Rychlik 2003.

Nitsch 1999 – Nitsch, Hermann: Rückblick nach der Aufführung des Sechstagespieles in Prinzendorf 1998 (1999). In: Rychlik 2003.

Nitsch 2005 – Nitsch Hermann: das orgien mysterien theater, 122. aktion (DVD edition Burgtheater 12, 2005).

Nitsch 2011 – Nitsch, Hermann: Die Messe als Ort der orgiastischen Daseinsfindung. In: Peter Jan Marthe (Hrsg.): Die Heilige Messe. Kultisch szenisch sinnlich mystisch. Würzburg.

Rombold 1988 – Rombold, Günter: Der Streit um das Bild. Zum Verhältnis von moderner Kunst und Religion. Stuttgart, S. 212–216.

Rombold 1998 – Rombold, Günter: Ästhetik und Spiritualität. Bilder Rituale Theorien. Stuttgart, S. 120–140.

Rychlik 2003 – Rychlik, Otmar. (Hrsg.): Hermann Nitsch. Das Sechstagespiel des Orgien Mysterien Theaters. Prinzendorf 3.-9. August 1998. Ostfildern-Ruit.

---

31 Eine ähnliche Folgerung betreffs des eigentlichen OMT-Charakters zieht Rombold 1998, S. 136.

Schmied 2001 – Schmied, Wieland: Blasphemie oder Theodizee, in: Bernhard Dieckmann (Hrsg.): Das Opfer – aktuelle Kontroversen. Religions-politischer Diskurs im Kontext der mimetischen Theorie. Münster/Hamburg/London.

Wałczyk 2012 – Wałczyk, Krzysztof: Hermanna Nitscha Teatr Orgii i Misteriów jako powód do zgorszenia? In: Studia de Cultura IV (Annales Universitatis Paedagogicae Cracoviensis 121). Kraków, S. 46–62.

Oliver Pfau (St. Petersburg)

Bühnentexte aus anderen Sprachen und Zeiten – übersetzen, adaptieren, transponieren?

Wie lassen sich Theatertexte aus kultureller, zeitlicher und sprachlicher Distanz auf die gegenwärtige, lokal konkrete Bühne bringen? In welche Richtung wird bei der Realisierung eine Verschiebung vorgenommen? Erfolgt diese Verschiebung bewusst? Und bedeutet sie Entfremdung oder umgekehrt auch Annäherung?

„Übersetzung ist Travestie"

Bei jedem Übersetzungsakt unterliegt das Original dem Prozess einer Veränderung, der gerne in bildhaften Vergleichen veranschaulicht und meist mit der Idee eines Verlustes in Verbindung gebracht wird. So formuliert z. B. Eduard Fraenkel zur Übersetzung altgriechischer Lyrik ins Deutsche:

> „Verstümmelung ist jede Übersetzung: [...] Man hat, gerade auch im Hinblick auf die Wiedergabe griechischer Poesie, gesagt, jede rechte Übersetzung sei Travestie, wo das Kleid neu werde, der Inhalt bleibe; sie sei Metempsychose: es bleibe die Seele, aber sie wechsle den Leib."[1]

Der Vergleich mit dem Wechsel des Gewandes erinnert hingegen an technische Verfahren im schriftstellerischen Bereich:

> „Travestie ist eine Form parodistischen Schreibens, bei welchem der Stoff eines Werkes beibehalten, der Stil aber verändert wird. Die Beibehaltung des Inhalts unter gleichzeitiger stilistischer Transformation führt zu einer Aktualisierung, die beispielsweise Gesellschaftsformen und Tradition kritisieren kann."[2]

Die Parallelisierung von Übersetzungsprozess und Travestie ist diskutabel und vielleicht überzogen. Schließlich handelt es sich im Falle von Travestie um einen bewussten und gewollten Akt der sichtbaren Veränderung, der durch seinen Bezug zum Ausgangstext lebt. Im Falle der Übersetzung hingegen ist die Veränderung Mittel zum Zweck auf der Suche nach Äquivalenz, also möglichst großer Ähnlichkeit zum Original, das hinter der neuen Form verschwindet.

---

1 Eduard Fraenkel, *Vom Wert der Übersetzung für den Humanismus*, 1919, in: Kitzbichler u. a. 2009, S. 321.

2 „Travestie (Literatur)", http://de.wikipedia.org/wiki/Travestie_(Literatur)

Ziel der Travestie, und auch der Parodie, ist eine Dissonanz. Die Wirkung entsteht aus dem spürbar gemachten Bezug zwischen Original und Verformung. Die
Übersetzung bzw. Übertragung hingegen strebt nach harmonischer Kongruenz,
indem sie das Original in ein neues, eigenständiges Gebilde zu verwandeln
versucht.

Ganzkörperübersetzung

In der hier folgenden Betrachtung geht es allerdings nur bedingt um das Problem
der reinen Textübersetzung. Im dramatischen Spiel ist der Worttext gleichsam
nur ein Element eines größeren Textgefüges, das die Dimension des Visuellen,
Gestischen, Physischen miteinschließt. Und hierbei sowohl den Text des Spiels
des einzelnen Körpers/Schauspielers und der Körper miteinander als auch des
Stückkörpers selbst, der Stückdynamik und seines Rhythmus.[3]
Oder auch: das Problem ‚Übersetzung‘ wird multipliziert bzw. in mehrfacher
Richtung dekliniert. Die philologische Arbeit der Textübersetzung wird doubliert
durch die physische Arbeit der Textinszenierung.[4] Die gleichen Probleme wie in
der Textübersetzung, diachronische und diatopische Übertragung, bestehen in der
inszenierten Präsentation fort.[5] Hinzukommt der zeitlich begrenzte, einmalige
und unmittelbare Akt der Rezeption und die physisch-sensuelle Art der Rezeption
(visuell, akustisch).
Dass die Problematik der Übersetzung und Übertragung sowohl in der räumlichen Distanz (Sprache, Kulturlandschaft) als auch in der zeitlichen Entfernung
omnipräsent ist, zeigt im Falle des von uns hier näher betrachteten Stückes bereits
seine erste Aufführungsgeschichte.

Kulturdifferenz oder Geschäftsinteressen?

Ödön von Horvath brachte sein Volksstück *Kasimir und Karoline* im November 1932 auf die Bühne. Die Handlung spielt in München auf dem Oktoberfest und, wie der Autor ausdrücklich präzisiert, in der Gegenwart (‚in unserer
Zeit‘). Hintergrund der Handlung ist die prekäre Situation unmittelbar nach

---

3   Zum Verhältnis zwischen geschriebenem Text und Inszenierung als dem Verhältnis
    zweier Texte siehe Lodemann 2010, S. 79–82.
4   Zur Unterscheidung von ‚interlingualer‘ und ‚intersemiotischer‘ Übersetzung siehe
    Totzeva 1995, S. 49–59.
5   Siehe hierzu auch die Gegenüberstellung ‚Interkulturelles versus Internationales The-
    ater‘. In: Griesel 2007, S. 44–47.

der Weltwirtschaftskrise. Vor dieser dunklen Bedrohung wirbelt der scheinbar fröhliche Trubel des Bierfestes und in ihm ein junges Liebespärchen, Kasimir und Karoline, das jedoch durch die äußeren Umstände in seiner Liebe zueinander erschüttert wird, auseinanderdriftet und nicht mehr zusammenfindet. Horvath nannte seine Geschichte eine „Ballade vom arbeitslosen Chauffeur Kasimir und seiner Braut mit der Ambition, eine Ballade voll stiller Trauer, gemildert durch Humor", während die Berliner Uraufführung in dem Stück eine Satire auf das Münchner Oktoberfest sehen zu müssen glaubte.[6] In diese Richtung weist auch der dort hinzugefügte explikative Untertitel „Ein Abend auf dem Oktoberfest".[7]

In der Presse wurde die Aufführung sehr geteilter Meinung aufgenommen. Die Handlung fließe zäh dahin, die Figuren hingegen seien scharf gezeichnet und die schauspielerische Darbietung meisterhaft.[8]

Schwer zu entscheiden ist, ob es sich bei der Betonung des volkstümlichen Hintergrundes um eine individuelle Missdeutung des inszenierenden Regisseurs handelt, um eine kulturelle Mentalitätsdifferenz oder schlicht um marktorientierte Gewichtung – der bunte Rahmen des jovialen Bierfestes war in seiner Exotik und Deftigkeit vielleicht ein anziehendes Unterhaltungselement.

Ob die Vergleiche in der Wiener Presse, die in Horvaths Stück einen neuen *Liliom* (1909) sehen oder eine ‚in den Prater transponierte *Dreigroschenoper*‘ (1928), dem eigentlichen Wesen des melancholischen Volksstück gerechter werden, oder vielmehr eine selbstbewusst autoritäre, transformierende Vereinnahmung verraten, bleibe hier ebenfalls offengelassen. Tatsache ist, dass Horvath, über den Wiener Erfolg seines Stückes erfreut, in der dortigen Interpretation eine größere Nähe zu seiner Vorstellung der Geschichte sah.

Kasimir heute

Während Horvaths dramatische Werke im deutschsprachigen Raum nur gering von literarischen Moden beeinflusst sind, vielmehr zum klassisch-kanonischen

---

6 So Horvath in einem Brief an die Direktion des Wiener Theaters nach der dortigen Erstaufführung 1935. In: Horvath 2009, S. 13.

7 Horvath hatte mit Francesco von Mendelsohn, dem Regisseur der Berliner Uraufführung, um die Akzentsetzung gerungen. Horvath will die ‚existentielle Grundierung seiner Figuren‘, der Regisseur hingegen will das Ambiente des Oktoberfests herausstreichen. Siehe Horvarth 2009, S. 9.

8 z. B. Kurt Pinthus im 8-Uhr-Abendblatt (26.11.1932): „Trotz Kürzungen rann der ‚Abend auf dem Oktoberfest‘ immer noch zu schwerflüssig dahin. … Aber die Typen bringt er [*sc.* der Regisseur] mit eifrigem Bemühen, ebenso vortrefflich heraus wie der Dichter; und noch besser als beide schaffen das die Schauspieler."

Theaterprogramm gehören, scheint im fremdsprachigen Ausland in den letzten Jahren eine plötzliche Entdeckung dieses Autors stattgefunden zu haben. So wurde das Stück *Kasimir und Karoline* 2009 vom französischen *théâtre de la ville* von einem jungen Regisseur, Emmanuel Demarcy-Mota, erfolgreich inszeniert und im folgenden Jahr, 2010, im Rahmen des französischen Jahres in Russland als Gastspiel nach Moskau geschickt.

Aus der süßlich-groben, wehmütig-boshaften Jahrmarktsatmosphäre mit der kleinen traurig dahinbrechenden Liebesgeschichte wird ein expressives, dramatisch kühles Spiel auf einer großen Bühne mit viel Bewegung, politisch sehr visuellen Anspielungen und technischen Spezialeffekten (Achterbahn).

Im gleichen Jahr inszenierten zwei holländische Regisseure, J. Simons und P. Koek, das Volksstück vom Oktoberfest in einer radikal geänderten Bühnenlandschaft, in einem modernen Gerüstdekor mit Neonbeleuchtung, Plastikgartenmöbeln und einem echten Auto auf der Bühne. Die Schauspieler bewegen sich über ein weites Areal und auch durch den Zuschauerraum. Dröhnende, beat-Musik schallt durch das Stück (Simons präsentiert das Stück als Musical). Schlussnummer ist das rührend auf Deutsch gesungene, heimelige Stimmung gaukelnde Liedchen der beiden neuen Partner, Kasimir und Erna. Hintergrund der Handlung ist weder Oktoberfest noch Arbeitslosigkeit und Faschismus, sondern eine erbarmungslose Unterhaltungsgesellschaft, in deren Lärm und Getöse die beiden kleinen Liebenden Schiffbruch erleiden.

Die Ende Oktober 2011 von Frank Castorf in den Münchner Kammerspielen inszenierte Neuform von *Kasimir und Karoline* – aus dem kleinen Volksstück wird bei Castorf ein vierstündiges Totaltheater – ist ein eigenes Thema und hat auch zeitlich im Gegensatz zu den beiden soeben vorgestellten Inszenierungen kaum Einfluss auf die russische Erstaufführung dieses Stückes, das im November 2011 im Petersburger Lensowjet-Theater erstmals in Russland (und als russisches Stück) auf die Bühne kam. Interessant hierbei ist allerdings dennoch der Parallelismus der Stückwahl. Sowohl in München als auch in Petersburg ist das Horvath-Stück die Wahl eines soeben die Direktion übernehmenden neuen Theaterleiters (Martin Kusej in München, Juri Butusow in Petersburg). Und während Kusej die Inszenierung des Stückes einem als riskant und explosiv bekannten Regisseur übergibt, wählt der neue Petersburger Theaterdirektor eine erfolgreiche, sehr junge Regisseurin, Maria Romanowa.

C Kasimir in Russland

Die Übersetzung des Stückes wurde nicht neu und eigens für die Aufführung angefertigt, sie war 1980 bereits erschienen, gemeinsam mit einer Reihe anderer

Horvath-Stücke (*Sladek, Italienische Nacht, Geschichten aus dem Wiener Wald, Figaro lässt sich scheiden*).[9] Warum aber gerade die Wahl dieses Autors und dieses Stückes? Handelt es sich um eine Modeerscheinung? Um die Auswirkung von Theatertrends – insbesondere nach dem französischen Gastspiel in Moskau. Oder aber verlockt die brisante Thematik, das sentimentale, scheinbare Unterhaltungsspiel vor dem politischen Umbruch und drohender Dunkelheit? Lässt sich diese Frage aus der Bearbeitung und Bühnenpräsentation, also Inszenierung, dieses Stückes deuten? Besitzt das Stück Aktualität oder dient es als exotisches Versatzstück im allzu lokalen Theaterprogramm?

Die Regisseurin Maria Romanowa versucht, so scheint es, in ihrer Bearbeitung einen Kompromiss zwischen einerseits trotziger Innovation, im bühnentechnischen, choreographischen, musikalischen Bereich, und andererseits behutsamem Konservativismus in der Gesamtkonzeption des Spektakels.

So behält sie Ort und Zeit des Handlungsgeschehens bei. Einige Elemente weisen auf Jahrmarkt und Bierfest (Hau-den-Lukas, Getränke und Trinken, Besoffene), andere auf eine vergangene Zeit (Kleidung, Zeppelin, stilisierter Wagen). Zum anderen aber dringt in den zahlreichen musikalischen Einlagen die Gegenwart sogar in physischer Form auf die Bühne, in die Handlung. Eine kleine Musikantengruppe interveniert einer Vagantentruppe vergleichbar und artikuliert auch tanzend die Musik- und Songeinlagen. Nicht nur das intervenierende Element der Musik, sondern auch ihre rockartige und rhythmisch expressive, laute, fast mutwillige Form bringt etwas verzweifelt auflehnendes in die traurige Idylle des eher stillen Horvathstücks.

Ein anderes Element der Verfremdung oder künstlerischen Deutung liegt in den oniristischen Bildern, die das ganze Stück durchziehen. In einer Szene durchwirbeln in dynamischer Steigerung Statisten mit großen weichen roten Bällen spielend die Bühnenhandlung und lösen das Geschehen traumartig in einem weichen Chaos auf.

Die Kritik sieht das Stück zum einen als scharf anklagendes Sozialdrama im Stile Brechts, das hier in der Inszenierung von Romanowa zu einer sentimentalen Unterhaltungsshow verflacht wird.[10] Andere wiederum sehen Horvaths Stück als Krisis der Liebe und als Spektakel über emotionalen Infantilismus, in die die Regisseurin sachte politische Anspielungen hineingleiten lässt.[11] Wieder andere

---

9   Horvath 1980.
10 Marina Dmitrievskaja, *Blog PTZh* (Petersburger Theaterzeitung, online-Ausgabe) 27. 11. 2011.
11 Elena Gerusova, *Kommersant* (russ. nationale Tageszeitung), 4. 12. 2011.

unterscheiden zwischen schlechtem Text, der in seiner „expressionistischen
Ästhetik" nur den persönlichen Ambitionen des Theaterdirektors Juri Butusov
entgegenkomme. Die junge Regisseurin hingegen arbeite fein die sentimentalen Linien der beiden Hauptfiguren heraus, während der Rest des Spektakels in
wildem Unterhaltungslärm (Wanderorchester!) untergehe und den Zuschauer
ermüde.[12]

Warum aber der Kompromiss der Regisseurin zwischen treu narrativer Übernahme des Horvathschen Stücks und dem Versuch einer Anpassung an heutige
Ideen von Aktualität und Geschmack? Warum zum einen Exotik einer unbekannten Welt und zum anderen der Versuch, diese Exotik durch neutralisierende Ver-
allgemeinerung näher heranzuholen (z. B. nicht Münchner Oktoberfest sondern
einfach Jahrmarkt)? Und warum wurde das Stück bereits nach wenigen Monaten,
im Frühjahr 2012, wieder vom Programm genommen, zumal in einem Theater,
in dem die meisten Stücke viele Jahre hindurch zum festen Programmbestand
gehören?

Kasimir, die Kinopuppe

Eine letzte Inszenierung im fremdsprachigen Ausland sei hier als Kontrastform
angeführt.

Im Jahre 2010 brachte eine ungarische Bühne, das Örkény Theater, ebenfalls
eine Inszenierung von Horvaths *Kasimir und Karoline* heraus. Diese Bearbeitung
des Regisseurs Laszlo Bagossy präsentiert das Stück im fast intimen Rahmen eines
kleinen Kabaretts. Ein Pianist übernimmt die Rolle des Conférenciers und führt
erklärend durch die Handlung, die dann in einem Rahmen, der an frühe Filmvor-
führungen erinnert, in unmittelbarer Nähe vor dem Zuschauerauge abläuft, wie
in einer Art Guckkasten. Dieser Kasten ist frei von jeder Bühnendekoration, die
Darsteller tragen groteske Kostüme, die die historische Zeit gleichsam parodieren,
und werden in ihrer scheinbaren Übergröße zu überwirklichen, unwirklichen
Puppen. Die musikalischen Einlagen durch den Pianisten erinnern an Brechtsche
Illusionsbrechung und geben dem Stück eine parabelhafte Form, zugleich aber
durch die reale Größe der Darsteller und die natürliche Nähe des Textes eine
neue Form der Illusion. Der Zuschauer lässt sich gleichsam ein auf das Spiel und
akzeptiert es als solches, akzeptiert also die Illusion.

Vielleicht öffnet diese Inszenierung auch einen Blick auf die Problematik der
Adaptation von Übersetzungen, textuellen und kulturellen. Die Bearbeitung

12 Dmitri Zilikin, *Delovoi Peterburg* (russ. lokale Tageszeitung) 4. 12. 2011.

Bagossys erscheint zum einen erstaunlich nah am Original zu bleiben und bietet zugleich eine völlig unerwartete neue Perspektive in der Suche nach Aktualisierung und explikativer Symbolübertragung.

Kehren wir mit Bagossys Inszenierung zu Horvaths freudigem Brief zurück, in dem er der Wiener Theaterdirektion gesteht, sie verstehe sein Stück eben besser oder richtig? Ein selbstverständlich absurder Gedanke.

Interessant jedoch erscheint, dass in der scheinbar non-innovativen Bearbeitung des Örkény-Theaters vielleicht ein gewagteres Spiel mit den gegebenen Formen steckt als in den expressiven Umsetzungen der genannten französischen und russischen Regisseure. Und vielleicht liegt dieser kühnere Zugang zu der Materie in einer Nähe der Bilder und ihrer Bedeutungen, die über die Arbeit der Übersetzung hinaus mit diesen wie mit bereits bekannten Gegebenheiten spielt, sie verzerren, parodieren oder einfach zitieren kann, ohne dabei die Komplizität mit dem Zuschauer aufzugeben.

Literaturverzeichnis

Horvath 2009 – Horvath, Ödön von: Wiener Ausgabe sämtlicher Werke. Berlin.

Horvath 1980 – Horvath Ödön von: Stücke, Übersetzung ins Deutsche von Ella Wengerowa. Moskau.

Engelhart 2013 – Engelhart, Andreas: Das Theater der Gegenwart. München.

Greiner 2004 – Greiner, Norbert: Übersetzung und Literaturwissenschaft, Grundlagen der Übersetzungsforschung. Tübingen.

Griesel 2007 – Griesel, Yvonne. Die Inszenierung als Translat. Möglichkeiten und Grenzen der Theaterübertitelung. Berlin.

Kitzbichler u. a. 2009 – Kitzbichler, Josefine/ Lubitz, Katja/ Mindt, Nina: Dokumente zur Theorie der Übersetzung antiker Literatur in Deutschland seit 1800. Berlin.

Lazarowicz/Balme 1991 – Lazarowicz, Klaus/Balme, Christopher: Texte zur Theorie des Theaters. Stuttgart.

Lodemann 2010 – Lodemann, Caroline A.: Regie als Autorschaft. Eine diskurskritische Studie zu Schlingensiefs ‚Parsifal'. Göttingen.

Lehmann 1999 – Lehmann, Hans-Thies: Postdramatisches Theater. Frankfurt/ Main.

Totzeva 1995 – Totzeva, Sophia: Das theatrale Potential des dramatischen Textes. Ein Beitrag zur Theorie von Drama und Dramenübersetzung. Tübingen.

Angela Bajorek (Kraków)

Verzauberte kleine und große Zuschauer in Janoschs polnischem Wundertheater. Ein Theaterstück nicht nur auf Oberschlesisch, sondern auch über Oberschlesien und Oberschlesier!

„Ich will Theater, in dem die Botschaft nicht verbal, nicht plakativ und nicht mit erhobenem Zeigefinger von der Bühne verkündet, sondern in dem sie unmittelbar durch die Handlung vermittelt wird".
Paul Maar[1]

Janosch ist ein künstlerisches Phänomen. Die Bücher des deutschen Schriftstellers, Kinderbuchautors und Illustrators, der 1931 in Hindenburg geboren wurde, finden seit den 90er Jahren großen Widerhall vor allem in Oberschlesien, in Polen. Die zahlreichen Adaptionen seiner vier Kinderbücher, seines Theaterstückes und seines Romans für erwachsenes Publikum sind zum festen Bestandteil des polnischen Theaters geworden, das versucht, sie vom rosa Kitsch und von der Patina der Didaktik zu befreien.

Das Geheimnis Janoschs Erfolgs liegt darin begründet, dass seine Texte sowohl lebensklug als auch lebensnah sind.

Janoschs Popularität kommt meines Erachtens auch von seiner künstlerischen Nonchalance, die ihm erlaubte, bestimmte Ungereimtheiten, die Absurdität des Lebens und menschlichen Komplexe zu genialen Texten miteinander zu verbinden, ohne auf die renommierten, allgemein anerkannten literarischen Tendenzen und Einflüsse zu achten.

Janosch weckt sehr widersprüchliche Gefühle bei seinen Lesern. Die Einen mögen ihn, die Anderen verachten ihn. Er ist süß-sauer, warmherzig, sensibel und bitter zugleich. Dazu ist er witzig aber nicht krächzend. In seinen einfachen Geschichten stecken sich wiederholende Refrains von naiven Sprüchen über die Freundschaft und Schönheit des Lebens.

Der erste Versuch, sein Kinderbuch *Oh, wie schön ist Panama* (poln. *Ach, jak cudowna jest Panama*) auf die Bühne zu bringen, gelingt dem Regisseur Piotr Cieplak im Zygmunt Hübners Powszechny Theater in Warschau erst im Jahre 2006.

---

1 Wild 1990, S. 406.

In der Inszenierung der Abenteuer vom Bären und dem Tiger machte Cieplak die Zuschauer darauf aufmerksam, dass die beiden Tiere universal sein können. Sie sind eine Art Jedermann oder Durchschnittsmensch, vielleicht nicht besonders eloquent, wenig aufgeweckt, dafür aber sehr ehrlich und ergeben. Im Stück spürt man reine Poesie, szenische Gedankensprünge und das Spiel mit dem Detail, so hat z. B. eine Kuh einen übertrieben langen Schwanz und frisst Erdbeeren mit Sahne oder eine Maus, die sich von alten Zeitungen in einem Kiosk ernährt, plant Psychologie zu studieren. Die neu eingeführten Handlungen beflügeln die Phantasie der Zuschauer auf mehreren Ebenen. Dazu kommen noch viele Requisiten des Alltags, die das Theaterstück abermals bunter machen und ihren Beitrag zur Erzählung der Geschichte leisten.

2002 wird das Stück ebenfalls in der Adaption von Cieślak im Banialuka Puppentheater in Bielsko Biała gezeigt. 2007 zeigt das Maska Theater in Rzeszów das erträumte Panama unter der Regie von Konrad Dworakowski.

Komm, wir finden einen Schatz (poln. *Idziemy po skarb*) wurde in Polen auf drei verschiedenen Bühnen gezeigt. Premiere hatte das Stück zunächst im Jahre 2006 im H. Ch. Andersen Theater in Lublin unter der Regie von Ireneusz Maciejewski und in energetischer und dynamischer Musikbearbeitung von Wojciech Waglewski.

Die kleinsten Zuschauer zog unverzüglich in die bunte und fröhliche Geschichte hinein, die älteren dagegen irritierte eher das einfache, sorgfältige Bühnenbild mit vielsagenden Details und schönen Kostümen.

Das relativ schlichte Bühnenbild bildete einen perfekten Hintergrund. Dank ihm gewinnen die Dialoge an Klarheit, sodass sich die Kinder auf die Geschichte vom Bären und dem Tiger konzentrieren können.

Der Suggestivität von Janoschs Bildern und Grafiken ist es geschuldet, dass den Bühnenbildnern nichts anderes übrig blieb, als möglichst getreu die fantastische, absurde Stimmung und einmalige Kunstsprache der Originale umzusetzen.

Der künstlerische Rahmen lenkt nicht ab, beeindruckt nicht durch Farbenvielfalt, bezaubert nicht mit der Fülle an der Ausdrucksmittel. Vielmehr wird durch die Schlichtheit des Bühnenbildes eine wahre Geschichte von der Freundschaft des Bären und des Tigers vermittelt. Dadurch wurde viel wirkungsvoller der Charakter der beiden Protagonisten betont und es kam zu einer Einigung zwischen den Tieren und dem jungen Publikum. Es wurde der Eindruck erweckt, der Bühnenbildner habe sich vor allem auf die Gestaltung der Kostüme konzentriert. Obwohl sie angelegt zu sein scheinen, wirken einfach und ausdrucksvoll. Das äußere Erscheinungsbild (der große Bauch des Bären und das zerzauste Haar des Tigers) lassen Rückschlüsse auf den Charakter der einzelnen Protagonisten. Die Schauspieler sind nicht verkleidet, es ließe sich vielmehr behaupten, dass sie mit ihrem Kostüm verschmelzen. Dank „dieses Tricks" wurden die Gestalten von dem Bären und dem Tiger zum Leben erweckt.

Eine kreative Idee ist die Struktur des Spektakels – die einzelnen Episoden werden vom Auftritt eines Erzählers durchkreuzt, der den Kindern die Handlung näherbringt. Er macht sie mit dem Ablauf der Ereignisse vertraut. Der Erzähler provoziert die Reflexion über das Verhalten der Protagonisten. Dank der Pausen im Verlauf der Handlung scheint jede nächste Szene für die kleinen Zuschauer interessanter als sie vorherige, denn dank der Veränderung des Bühnenbildes entdecken sie einen neuen, spannenden Ort.

Hinter der Inszenierung von dem Spektakel *Komm wir finden einen Schatz* (poln. *Idziemy po skarb*) verbirgt sich noch eine wahre Perle. Ihr Geheimnis sind die genutzten Farben im Bühnenbild und Kostümen – warme, sonnige, Töne mit einer Dominanz von gelbem, orangem und braunem, manchmal grünem, rotem und blauem Licht.

Im Jahre 2007 wird *Komm wir finden einen Schatz* wird in Oppeln im Opolski Teatr Lalki i Aktora in der Adaptation von Ireneusz Maciejewski aufgeführt. In der Oppelner Inszenierung werden die Erzählstrukturen verstärkt durch den besonderen Einsatz von Musik (Piotr Krzysztof Klimek) und Bühnenbild (Dariusz Panas). Das Stück knüpft in seiner Stilistik an die bunte und humorvolle Welt von Janosch an, in der wir aufgefordert sind nach etwas Tieferem, nach einem bestimmten „Etwas" zu suchen. Dieses „Etwas" betrifft hier aber nicht nur die Freundschaft, Vertrauen und Treue, sondern auch das Schicksal oder den Zufall im Leben.

2010 wird *Komm wir finden einen Schatz*, das in Zabrze noch bis heute im Nowy Theater in der Adaptation von Zbigniew Stryj gespielt wird, gezeigt. Dieses optimistische Stück mit seinem subtilen Humor und viel emotionaler Wärme wurde mit lustigen Liedern versehen. Der Regisseur, der von Janoschs Werk fasziniert ist, betont, dass er vor allem eine kluge Geschichte vom Leben auf die Bühne bringen wollte. Die Zuschauer werden tatsächlich in Janoschs Welt voller Freude, Träume und Suche nach dem Glück hineingezogen.

Das dritte Kinderbuch von Janosch *Guten Tag, kleines Schweinchen* (poln. *Dzień dobry, Świnko*) hat seine Premiere 2006 im Baj Pomorski Theater in Toruń, ein Jahr später im „Guliwer" Theater in Warschau, 2013 dann auch im „Pleciuga" Puppentheater in Szczecin und in Rzeszów im „Maska" Theater.

In Toruń erwartet das Publikum ein multimediales Puppenspektakel. Das Schweinchen erscheint in roten Hosen aus Satin und zeigt verführerisch seine roten Klauen. Die tiefe, heisere Stimme der Schauspielerin passt ideal zu dieser lustigen Gestalt aus dem Schweinestall. Der Bär ist von dem rosa Fräulein so fasziniert, dass er schöne multimedial projezierte Träume hat, die auf einer Leinwand gezeigt werden. Die Kuh, die direkt aus dem Kühlschrank die Milch in eine Kanne gibt, eine Ente, ein Fuchs und eine Reportermaus bilden ein lebendiges, humorvolles und buntes Umfeld. Das Spektakel mit Janoschs Stil und Design der Puppen erinnerte an einigen Stellen an die berühmte Muppet Show. Die vielfältigen Animationsmöglichkeiten und die Leichtigkeit dieser Figuren nutzen die Schauspieler hinter einem buntem Vorhang, um humoristische Situationen zu kreieren.

Nach dem Spektakel kann man im Foyer hören: „Ein interessantes Stück, wie kann man aber nur den Kindern erklären, welche Lehre sie daraus ziehen sollen?" Ich glaube, dass das Stück für sich selbst spricht und junge Zuschauer damit mehr verstehen, als wir glauben. Auf diese Weise gelingt es Janosch unabsichtlich zwei Generationen zu einem einmütigen Publikum zu vereinen.

2010 wird das letzte bisher Theaterstück von Janosch im Kubuś Theater in Kielce gespielt: *Onkel Puschkin, guter Bär* (poln. *Wujek Puszkin, dobry niedźwiedź*). Reichtum, Geld und Reisen – das alles ist bedeutungslos, wenn wir niemanden an unserer Seite haben, der sich zusammen mit uns darüber freuen könnte. Diese Botschaft transportiert das Stück in der Adaptation und Regie von Ewa Sokół-Malesza. Der Bär und der Tiger lassen sich auf ihrer Reise schnell davon überzeugen, welch ausschlaggebende Rolle das Glück im Leben spielt. So erfahren sie, dass man in der heutigen, hektischen, nicht immer freundlichen Welt viel schneller seines Glückes beraubt werden kann, als man echte Glücksgefühle und Freude am Leben empfinden kann. Dank den Erlebnissen der Protagonisten, die trotz der erlebten Strapazen lebensfroh sind, erfahren die kleinen Zuschauer, dass das Gute ständig gegen das Böse anzukämpfen hat und wie wichtig die selbstlose Hilfe der Anderen ist.

Janosch ist vor allem den Lesern von Kinderbüchern bekannt, aber er hat auch entscheidende Texte für die Erwachsenenliteratur verfasst.

Dadurch leistete der Autor unbewusst einen wichtigen Beitrag zur Entwicklung der oberschlesischen Dramatik.

2004 wurde Janoschs Buch *Cholonek oder der liebe Gott aus Lehm* (poln. *Cholonek czyli dobry Pan Bóg z gliny*) in Form einer Theateradaption von Robert Talarczyk inszeniert, bei der das Haus für Deutsch-Polnische Zusammenarbeit Koproduzent war. Das Spektakel erhielt nicht nur von Seite des Publikums, sondern auch in der Kritik und von bekannten oberschlesischen Autoritäten wie Kazimierz Kutz oder Michał Smolorz sehr positive Bewertungen. Es wurde betont, dass es „ein außergewöhnliches Kulturereignis" war.

Im selben Jahr hat *Cholonek* den prestigeträchtigen Preis der Goldenen Maske in den Kategorien Schauspiel des Jahres 2004 und Beste weibliche Rolle in der Rolle der Frau Schwientek für Grażyna Bułka erhalten. Bis heute wird es ununterbrochen auf den Brettern des privaten Korez Theaters in Katowice sowie in anderen ausgewählten schlesischen Theatern und Kultureinrichtungen gezeigt. Robert Talarczyk bekam nach der Premiere *Die Goldene Maske* für sein Lebenswerk. Janoschs Buch, das er zum ersten Mal in den 80er Jahren und später noch mehrmals gelesen hat, hatte großen Eindruck auf ihn gemacht. Vor allem durch Janoschs Sinn für Humor, Moral und seine Eigenart. Damals haben die Lehrer, meint Talarczyk, „anders in der Schule von Oberschlesien gelehrt, es ist ein heimisches und wahres Buch, authentisch ‚wygodano'".[2]

Cholonek erhielt außerdem im Jahre 2008 den Hauptpreis des Mitteleuropäischen Theaterfestivals *Nachbarn (Sąsiedzi)*in Lublin.

Das polnische Theater gastierte in Stuttgart im Jahre 2006 und 2008 in Wien. Janosch selbst hatte auch die Gelegenheit das Stück 2005 zu sehen. Der Autor war sehr bewegt und begeistert, wovon seine enthusiastischen Kommentare in Gesprächen nicht nur mit Vertretern der Medien, sondern auch mit den Schauspielern zeugten. Im Stück hat ihm *besonders gefallen, dass die Atmosphäre von damals gut präsentiert wurde.*[3]

Cholonek ist ein Theaterstück von den Menschen, die in einem „Dazwischen" leben. Zwischen Polen und Deutschland, zwischen dem *Tiefschlaf* und dem *Wachzustand, zwischen einer Tragödie und einer Farce. Es ist ein Stück nicht nur für Oberschlesier sondern auch für diejenigen, die Oberschlesien nicht „verstehen" können. Das Stück wirkt wie ein Stich ins Wespennest der oberschlesischen Komplexe. Wir delektieren uns in diesem plebejischen Werk an schlesischem Witz und zahlreichen Anekdoten, die den Oberschlesiern seit vielen Jahren bekannt sind und von einer Generation an die nächste weiter gegeben werden.*

Cholonek ist die Geschichte von Menschen, die die atavistische und tierische Begabung besitzen, sich an ihre Umgebung und die dort herrschenden Umstände, die das Schicksal mit sich bringt, anzupassen. Sie bemühen sich zu überleben. Mit großem Aufwand gelingt dies oft, doch nicht selten verlieren sie dabei ihre Würde.*

---

2   E-Mail von R. Talarczyk an A. Bajorek vom 18. 03. 2014.
3   E-Mail von Janosch an A. Bajorek vom 30. 01. 2014.

Niemandem vor Janosch ist es gelungen, auf solch überzeugende Art und Weise das Schicksal, die Mentalität, den Sinn für Humor und die ganze Tragik der Situation der Oberschlesier im 20. Jahrhundert zu beschreiben. Das Theaterstück bewirkt, – gleich, wo es gespielt wird, von Stuttgart bis Warschau – dass dem Publikum das Lachen ab und zu im Halse stecken bleibt.

Für Talarczyk war bei der Adaptation folgendes am wichtigsten:

> „Die Konzentration der ganzen Geschichte und ihrer Helden auf die Szenen am Tisch und vor dem Geschirrschrank; Das Übertragen vom Makrokosmos des Romans in eine Mikroskala einer Familie; Die enge Verflechtung der Helden und der Ereignisse."[4]

Dieser Küchenschrank gefiel Janosch damals am besten, *„er war original wie bei seiner Großmutter."*[5]

In einem „Familok" am Küchentisch lernen wir die Schuldigen der ganzen Verwirrung kennen. Die Schlüsselfigur und zugleich die bunteste Gestalt sowohl im Stück als auch im Buch ist Frau Schwientek. Diese ziemlich laute Hausfrau, die viele Anekdoten und Witze kennt, die immer eine versteckte Weisheit enthalten, hat das Kommando. Frau Schwientek schwadroniert über die eigene Familie und Nachbarn und berichtet von den Skandalen in der Dorfgemeinschaft.

Sie tadelt ständig ihren Mann, weil er laut ihr ein Gottesleugner sei. Die beiden wollen das Beste für ihre beiden Töchter: für die ältere Mickel, die in Stanik Cholonek verliebt ist und Tekla, die versucht, vor dem eleganten und parfümierten Detlev zu fliehen. Detlev Hübner ist ein ganz netter Arztgehilfe, der gern ein Klistier bei Frauen „für Gotteslohn" machte.

> „Wie gute Bildung den Menschen schon von außen erkennen lässt, sagte sich Frau Schwientek, wenn sie ihn von der Seite ansah. Die guten Manieren sprechen ihm direkt aus dem Gesicht. Immer hat er saubere Hände."[6]

Den Frauen und vor allem Frau Schwientek imponiert, dass er sich benehmen kann, sich immer wäscht(sogar den Hals) und „sich nicht einmal in die Tischdecke gerotzt!"[7]hat.

Die gemeinsamen Gespräche der Personen in der Küche versetzen die Zuschauer in die oberschlesische Stimmung. Bunte, lustige Erinnerungen und anzügliche Witze bewirken, dass die durch oberschlesische Dialoge erheiterten Zuschauer spontan und laut lachend reagieren. Die Geschichte ist voll von Humor, schwarz

---

4   E-Mail von R. Talarczyk an A. Bajorek vom 18. 03. 2014.
5   E-Mail von Janosch an A. Bajorek vom 21. 12. 2011.
6   Janosch 1985, S. 129.
7   Janosch 1985, S. 79.

wie der schlesische Boden, anstößigen und makabren Witzen, tierischen Trieben und pseudoreligiöser Scham.[8] Lassen wir uns aber nicht so leicht täuschen. Dieser scheinbar scherzende und leichte Ton ist irreführend. Je länger wir die ganze Familie beobachten und die Entwicklung ihrer Beziehungen zueinander verfolgen, desto weniger Gründe gibt es für uns zu lachen.

Im Trubel der Geschichte des 20. Jahrhunderts versuchen sich die Helden in den Krisensituationen zurechtzufinden, um zu überleben. Wir haben es bei diesem Stück mit einer derben Zelebration des oberschlesischen, mutigen Überlebenskampfes zu tun. In der Inszenierung beobachten wir u. a. Hitlers Machtergreifung, Kollaboration mit Beamten, Ausbruch des Krieges, den Eintritt der Roten Armee – denn alle diese Ereignisse beeinflussten die Einwohner von Oberschlesien, einem Gebiet, das von der Geschichte nie verschont wurde. *Cholonek* erzählt von Menschen, die moralisch zwiegespalten sind. Trotz ihren Schwächen werden sie vom Publikum positiv bewertet und als Kultfiguren betrachtet.

Im Stück kann vielen von uns jedoch die Figur des Gresok fehlen, den Janosch persönlich sehr schätzte, obwohl ihm diese Tatsache während Aufführung des Stückes nicht aufgefallen war. Von dem Behinderten ist im Stück zweimal die Rede. Zuerst bei der Taufe von Adolf und dann bei dem Begräbnis von Frau Schwientek. Man kann also den Eindruck gewinnen, dass Gresok erschiene in den wichtigsten Momenten, zwar nicht physisch, aber in Erinnerungen der anderen Protagonisten. Nach dem Regisseur dieser Adaptation ist er „ein wichtiger, erzählender und interpretatorischer Kontrapunkt."[9]

Janosch selbst hat grenzenloses Mitleid mit dem Behinderten, er ist sehr sensibel. Vielleicht ist ihm deswegen der literarische Gresokso wichtig. Im Roman wird dieser als ein Findelkind und später als bettelarmer Invalide, der vom Kohleschaufeln lebt, dargestellt. Obwohl er gehänselt und gedemütigt wird, ist er allen Menschen gegenüber freundlich, behilflich, scheint immer glücklich zu sein und kann sich unendlich freuen. Wie sehr der Autor seine Bekanntschaft mit ihm schätzte, beweisen seine Worte:

> „Ich kann mir sogar vorstellen, einmal ein Buch oder Theaterstück über das Leben von Gresok zu schreiben. Ein glücklicher Mensch, den die Welt (Hitler) tötete. Wäre Christus so gewesen, dann würde es auch Gott geben."[10]

---

8   Vgl. m.k.e.: Cholonek, czyli dobry Pan Bóg z gliny/Janosch, 2010.http://subiektywne-recenzje.blogspot.com/2010/03/cholonek-czyli-dobry-pan-bog-z-gliny.html (Stand: 31.01.2014).
9   E-Mail von R.Talarczyk an A.Bajorek vom 18. 03. 2014.
10 E-Mail von Janosch an A. Bajorek vom 30. 01. 2014.

Die deutschen Soldaten haben ihn (wie es dem Buch zu entnehmen ist) getötet. Gresok war keine literarische Fiktion, es gab ihn wirklich. Wenn Janoschs Großmutter Essen übrig hatte, welches sie hätte wegwerfen müssen (zu hartes oder verschimmeltes Brot war), stellte sie es dem Gresok vor die Tür und meinte: „Der kann das noch essen". Solche Szenen waren für Janosch sehr schlimm zu beobachten.

> „Man hielt ihn für einen Narren und er hielt sich auch dafür und lachte immer. Vom Leben erwartete er nichts, weil ihm seiner Meinung nach als Narr nichts zustand. Er hatte nichts zu verlieren, verlor er das wenige, verlor er nur das, was ihm ohnehin nicht zustand."[11]
> „Meine Mutter beschäftigte den Gresok manchmal mit harten Arbeiten. z. B. Kohlen vom Hof in den Keller schaufeln. Ich weiß nicht mehr, ob sie ihn dafür gut oder schlecht ‚bezahlte'. Ich nehme an, dass sie wirklich Mitleid mit ihm hatte, sich selbst aber als ‚höher stehend' einschätzte.
> Sie hielt sich immer für ‚besser als alle anderen Leute'. Auch deswegen, weil sie katholisch war und gemein gesagt auf einem privilegierten und bezahlten Platz in der Camilluskirche saß. Sie war nicht intelligent."[12]

Nicht nur der fehlende Gresok fällt in dem Stück auf. Das wirklich gute und wertvolle Theaterstück ist nicht imstande das Klima und die einmalige Atmosphäre des Romans wiederzugeben. Aus der Perspektive der Zuschauer ist der weiße Küchenschrank (schl. byfyj), der das Hauptelement des Bühnenbildes bildet, zu steril und zu sauber. Man sucht im Stück vergeblich nach dem täglichen Elend der Bewohner von Poremba. Auch die Helden scheinen nicht so gemein und zügellos zu handeln wie im Original. Sie wirken nicht abstoßend, abscheulich und ekelhaft wie das in Cholonek beschrieben wurde:

> „Die Leute im Parterre hausten wie die Tiere. Die Frau Schwientek sagte immer, wer sich nicht leisten kann, anständig zu leben, hat sich das so verdient."[13]
> „Leider gehen manchmal die besten Leute durch Bazillen drauf."[14]
> „Zu jeder Wohnung gehörte eine Kammer. Dort setzte sich der meiste Geruch fest. Eine Kammer hatte niemals ein Fenster [...], damit der Gestank nicht auf die Straße drang und die Luft verpestete."[15] „[...], denn in der Kammer stand ja der Pulleimer; in jeder Familie waren mindestens acht Personen, im Schnitt aber vierzehn bis sechzehn [...]"[16]
> „Im Haus Nummer drei gab's mehr Kinder als Hühner".[17]

---

11 Merk 2007, S. 37.
12 E-Mail von Janosch an A.Bajorek vom 21. 12. 2011.
13 Janosch 1985, S. 27.
14 Janosch 1985, S. 33.
15 Janosch 1985, S. 45.
16 Janosch 1985, S. 46.
17 Janosch 1985, S. 95.

Im Theaterstück fehlt der Geruch des Qualms von Machorkas Pfeife und der Duft von gekochtem Kohl. Janoschs Schlesien riecht nicht nur nach Bratkartoffeln, Knoblauchsuppe, Zwiebel, Tabak, Sacharin, Seife, Feldluft, Regen sondern auch einfach nach Menschen. „Der Geruch gehört zu einer Familie wie das National-lied zu einem Volke."[18] Janosch meint, dass man nach dem Geruch gleich den Charakter des Menschen erkennen kann. Die Mutter von Lehnchen Heiduck warnte seine Tochter vor dem Brzuch, der sich als ein Baron vorstellte und ‚nach Karnikelfutter' roch. In Wirklichkeit war er von der Polizei gesuchter Lump und Dieb. Ein typischer Vorfall war der Petroleumgeruch, der nicht nur von einem Besoffenen kam, sondern auch einem Waschmittel gegen Läuse.

Nach der Premiere sagte der polnische Regisseur und Politiker Kazimierz Kutz: „Im Sitz des ehemaligen Dezember Palace fand ein Theaterwunder statt, weil man so das Theaterstück im Korez Theater nennen muss. Er heißt „Cholonek" [...]. Ja, es ist eine Erscheinung."[...][19]

Das Stück wurde bisher 400 Mal in Polen und im Ausland gespielt. Die Vor-stellungen des Korez Theaters sind immer ausverkauft. Jede Aufführung wird mit nicht enden wollendem Applaus gekrönt.

Das Publikum hat begonnen Janosch zu schätzen und zu lieben für das ehrliche Pathos, für seine Authentizität, die gebrochene Sprache und die Art und Weise, wie es ihm gelingt, die große Geschichte der Menschheit mit dem alltäglichen Leben zu mischen. Die Inszenierung beginnt jedoch nicht mit der großen Politik oder philosophischen Überlegungen, sondern mit der Schlachtung eines Schweins. Das Theaterstück scheint zu bestätigen, dass man nicht Oberschlesisch können muss, um den wahren, verführerischen Rhythmus und die Melodie des Dialektes wahrnehmen zu können.

Janoschs Lebensmotto ist: *Zurück nach Zabrze* (Mit der Seele). 1993 schrieb er in einer Nacht sein erstes Ein-Personen-Theaterstück für Erwachsene *Zurück nach Uskow oder Eine Spur von Gott oder Der Hund von Cuernavaca*, in dem er sich kritisch mit der <u>katholischen Kirche</u>, insbesondere ihrer <u>Sexualmoral</u> ausei-nandersetzt und schonungslos mit ihr abrechnet. Es geht um die Widersprüche zwischen den Leitgedanken des Christentums und der bis heute angewendeten Praktiken der (katholischen) Kirche.

Das fiktive Uskow ist natürlich Zabrze. Mit dem Stück ist es Janosch gelun-gen, sich auf dem Weg in seine alte Heimat Oberschlesien zu machen. Der Autor wünschte sich, dass das Stück einmal in Zabrze im Stadttheater „Teatr Nowy"

---

18 Janosch 1985, S. 45.
19 In: GazetaWyborcza, 29. 10. 2004.

gespielt wird. Er verschenkte den Text sogar honorarfrei an die Stadt in der Hoffnung, es dort auf der Bühne zu sehen.

> „Zunächst reagierten die polnischen Gastgeber begeistert auf die Vorstellung, ein Stück
> von Janosch in ihrem Theater aufzuführen und dabei auch noch Gewinn zu machen.
> Aber am nächsten Tag waren ihre Köpfe mit Bedenken gestopft. ‚Nein, nie und nimmer‘,
> sagte Direktor Kula, ‚kann dieses Stück hier öffentlich aufgeführt werden.‘ Der Ratgeber
> des Bürgermeisters hatte es über Nacht gelesen: ‚Sehr interessant, aber nur einem hand-
> verlesenen Zirkel von Intellektuellen zumutbar.'"[20]

Zurück nach Uskow wurde aber nie in Zabrze aufgeführt und auf Betreiben der
katholischen Kirche sogar verboten. In Deutschland dagegen wurde das Theaterstück 1993 in vier deutschen Städten gleichzeitig aufgeführt.

Die Hauptperson der Handlung, Steiner, ein älterer und einfacher Mann, der
von Beruf Steinmetz ist, wartet auf seine Begegnung mit dem Tod und will ihm
lachend entgegentreten können. Nicht fröhlich in den Tod gehen zu können, würde für Steiner bedeuten, dass sein Leben nicht geglückt ist. Er würde nicht noch
einmal geboren werden.

Doch die ersehnte Begegnung kommt nicht zustande, sodass Steiner beginnt
nach dem „Fehler" einer Schwachstelle in seinem Leben zu suchen und geht nach
Uskow, dem Ort seiner Kindheit, zurück. Mit ungewohnter Härte lässt Janosch
den alten Steiner aussprechen, was ihm auf dem Herzen liegt. Er wendet sich in
einem Monolog an das Publikum, das er bisweilen auch als Uskowiter anspricht.
Seine Erinnerungen kreisen um den Vater, der davon träumte die Karriereleiter zu
erklimmen und um seine katholische Mutter, die Janosch als „Das" bezeichnete.
Janosch beklagt sich, dass ihm das Weib im Religionsunterricht als Werkzeug des
Teufels und Quelle der Unkeuschheit dargestellt wurde. Der Konflikt mit seiner
katholischen Sexualmoral führte ihn zum Alkohol. Schließlich entdeckt Steiner
den Fehler seines Lebens, der in der Absicht besteht, den Hass, den er in sich trägt,
überwinden und loswerden zu wollen. Er erzählt, dass sein Leben auf Bedrohung
und Furcht gebaut ist.

> „Ich kannte einmal einen, der lebte mühelos (…), und ich fragte ihn, wie der das macht.
> Ich erzählte ihm von jenem Stein, den ich trage und dass ich einen Hass loswerden wolle –
> es ginge nicht. Er sagte: ‚Das Wollen ist der Fehler, Steiner.'"[21]

Zu dem Buch, das im Merlin Verlag erschienen ist, fertigte Janosch 10 farbige Ra-
dierungen an, die es zu einem kleinen Kunstwerk machen. Die Kritiker meinten,

---

20 Rietzler 36/1993, S. 225.
21 Janosch 1992, S. 43.

dass es Janosch gelungen sei, ein Meisterwerk der Lebensnähe und des Problembewusstseins zu schaffen.

Janosch erinnert sich an die Reaktionen der Zuschauer nach dem Stück. Man hat ihm erzählt, dass manche Leute aufgestanden sind, im Theater herumgelaufen sind und laut gerufen haben:

> „Genau so ist es Leute, genau so ist es."[22] „Ganz Uskow war also katholisch: die Leute, die Häuser, die Bäume, die Steine, und was nicht katholisch war, war des Teufels. Alles war auf eine teuflische Weise katholisch".[23]

Das Stück erregte immer Aufsehen, wenn es aufgeführt wurde.

Zabrze heißt im polnischen „Za brzegiem"- „Hinter dem Fluss."

„Hinter dem Fluss" war Janoschs Lebensformel. Und das Wasser war seine Lebensformel.

In seinem Leben ging es stets um den Fluss und das Wasser. Er musste immer am Wasser leben: zuerst am Scharnafka in Hindenburg, dann am Ammersee bei München und jetzt am Atlantik auf Teneriffa.

In *Janosch erzählt Grimms Märchen* erzählt er in der berührenden Geschichte *Der Tod und der Gänsehirt* von einem, der über den Fluss geht, wenn er stirbt. Janosch betonte oft, dass das Stück *Zurück nach Uskow* die Befreiung vom Alptraum seiner Kindheit bedeutete. Fraglich ist es jedoch, ob es ihm gelungen ist, diese schwere Last und „den Steinbock", den er die ganze Zeit auf seinem Buckel schleppte, abzuwerfen.

Literaturverzeichnis

Janosch 1985 – Janosch: Cholonek oder der liebe Gott aus Lehm. Zürich.

Janosch 1992 – Janosch: Zurück nach Uskow oder eine Spur von Gott oder der Hund von Cuernavaca. Gifkendorf.

Janosch 1972 – Janosch: Der Tod und der Gänsehirt. In: Janosch erzählt Grimms Märchen. Weinheim und Basel, S. 294–297.

Merk 2007 – Merk, Jörg: Reden Sie Tacheles Herr Janosch. Ein Interview mit Jörg Merk. Langenpreising.

Rietzler 1993 – Rietzler, Rolf: Zurück nach Uskow. In: Der Spiegel. 36, S. 225.

Wild 1990 – Wild, Reiner: Geschichte der deutschen Kinder- und Jugendliteratur. Stuttgart.

---

22 E-Mail von Janosch an A.Bajorek vom 13.10.2013.
23 Janosch 1992, S. 13–14.

Internetquellen

m.k.e.: Cholonek, czyli dobry Pan Bóg z gliny/Janosch, 2010. http://subiektywne-recenzje.blogspot.com/2010/03/cholonek-czyli-dobry-pan-bog-z-gliny.html (Stand: 31.01.2014)

Internetadressen der erwähnten Theater:

http://www.korez.art.pl
http://www.powszechny.com
http://www.teatrlalki.opole.pl
http://www.teatrguliwer.waw.pl
http://www.teatrmaska.pl
http://www.teatrzabrze.pl http://teatr-kubus.pl

Klaus Steinke (Erlangen)

Operninszenierungen zwischen Werktreue und Regietheater

0. Viel Lärm um nichts?

Die siamesischen Zwillinge *Werktreue* und *Regietheater* haben längst ihren festen Platz im Theaterdiskurs eingenommen, und die Diskussion darüber verläuft mittlerweile in ruhigerem Fahrwasser. Deutlich geworden ist, dass ein Teil der Kontroverse nur auf unterschiedliche Auffassungen bei der Begriffe zurückgeht. Allein in der Musik scheint *Werktreue* einen relativ gesicherten Bedeutungsumfang zu haben und bezieht sich dort auf die exakte Erfüllung der Vorgaben durch die Partitur, welche freilich dem Interpreten durchaus einen gewissen Spielraum für die eigene Interpretation lässt, weil sie nicht alles fixiert bzw. fixieren kann (z. B. die Nuancen im Tempo, Rhythmus usw.) Bei umfangreicheren Veränderungen der Partitur spricht man hingegen von Bearbeitung oder Paraphrase. Diese grundlegende Unterscheidung wird im Musik- und Sprechtheater so deutlich nicht gemacht, weshalb der Begriff *Werktreue* dort unscharf bleibt und einer Klärung bedarf. Auch die Bedeutung von *Regietheater* ist diffus, wobei jedoch niemand ernsthaft die Notwendigkeit einer Regie in Frage stellt, um ein Stück in Szene zu setzen, sondern nur die Art, wie der Regisseur das tut, gibt zu Kritik Anlass. Für beide Begriffe besteht also Klärungsbedarf, und dazu gehen wir von einigen konkreten Beispielen aus, von aufsehenerregenden Operninszenierungen, welche die Diskussion in jüngster Zeit beflügelt haben.

1. Beispiele

Von Opernskandalen lebt heute, wie man überspitzt formulieren könnte, vornehmlich das Feuilleton der großen Tageszeitungen und Nachrichtenmagazine, d. h. sie sind geradezu ihr *täglich Brot*. In diesem Kontext bewegen sich die beiden Konzepte *Regietheater* und *Werktreue* vorzugsweise. Als Akteure oder Gegenspieler treten in erster Linie der Regisseur und die „Kritikermeute" auf. Die einen geifern nach Skandalen, speziell nach Tabubrüchen, und die anderen bedienen dieses Verlangen mehr oder weniger willfährig mit Provokationen, um sich selber einen Namen zu machen, *en vogue* zu sein oder den Marktwert zu steigern. In den Hintergrund scheinen dabei die Stücke zu geraten, um die es geht.

Das lassen beispielsweise Berichte über die *Aida*-Inszenierung von Hans Neuenfels 1981 in Frankfurt am Main vermuten. *Aida* erscheint dort als Putzfrau, Radames als Manager und beide finden als Liebespaarsehr „passend" den Gastod. Der Chor der Ägypter tritt als Opernpublikum auf und wirft während des Triumphmarsches abgenagte Hühnerknochen auf die vorbeiziehenden Gefangenen. Noch mehr Aufsehen erregte Peter Konwitschny 1994 in Graz mit der als Kammerspiel inszenierten *Aida*. Das Bühnenbild wird auf ein Sofa, ein rotes Tuch und zwei Plüschelefanten reduziert. Für den Triumphmarsch gibt es daher auf der Bühne keinen Platz mehr, und die Sieger feiern mit Sekt und Faschingshütchen ihren Sieg. Ähnliche Berichte gibt es zu *Hoffmanns Erzählungen* von Jacques Offenbach unter der Regie von Jürgen Flimm 1982 an der Hamburger Staatsoper. Der Dichter tritt als skurriler Alkoholiker und Weiberheld auf, der Spazierstöcke und Schmetterlinge in Schränken sammelt, auf die sich das Bühnenbild reduziert. Das wird noch überboten von Verdis *Troubadour* 2003 an der Oper Hannover in der Inszenierung von Calixto Bieito. Hier gibt es Schlägereien, homo- und heterosexuelle Vergewaltigungen und Folter auf der Bühne, ferner urinieren Soldaten auf die Leiche einer gefolterten und geschändeten Frau und der Graf Luna onaniert vor Freude über seine vermeintliche Eroberung von Elenora. In all diesen Fällen verließen Teile des Publikums meist unter lautem Protest die Vorstellung, und die Feuilletons hatten viel Stoff zum Schreiben. Mit Wolfgang Lempfrid kann man feststellen: „Ohne Skandal keine Presse – ohne Presse kein Skandal."[1]

Ähnliche Reaktionen verursachen natürlich auch Theateraufführungen, man denke nur an Schillers *Räuber*, an Schnitzlers *Reigen* oder Hochhuths *Stellvertreter*, deren Uraufführungen ebenfalls von stürmischen Reaktionen des Publikums begleitet waren. Allerdings gründen sie stärker auf den darin dargestellten gesellschaftlichen und politischen Themen, während diese für die Opernskandale meist weniger von Belang sind, da bei ihnen primär ästhetische Provokationen, das Spielen mit den Erwartungen des Zuschauers im Vordergrund stehen. Die Opernfans sind gewöhnlich gut informierte Zuschauer und gehen daher mit bestimmten Vorstellungen in die Oper, und, wenn diese enttäuscht werden, reagieren sie besonders ungestüm. Was ihnen gefällt, feiern sie sehr enthusiastisch und quittieren, was ihnen missfällt, mit Buhrufen und lautstarken Protesten oder gar faulen Früchten. Auf solche Skandale stürzen sich anschließend mit Vorliebe die Medien. Wie kommt es aber zu diesen Ausbrüchen beim Opernpublikum? Welche seiner Erwartungen werden enttäuscht? Gibt es überhaupt *das* Opernpublikum als

---

1   Lempfrid 1994, S. 129.

Einheit oder setzt es sich letztlich aus verschiedenen Gruppen mit unterschiedlichen Vorlieben zusammen?

Die erwähnten Beispiele weisen zweifellos auf eine komplexe und span-
nungsreiche Beziehung zwischen Werk bzw. Autor, Regisseur einerseits sowie
Kritik und Publikum andererseits hin. Mit ihren unterschiedlichen Rollen oder
Rechten werden sich die folgenden Ausführungen etwas näher beschäftigen, da
sie letztlich für die Kontroverse um *Werktreue* und *Regietheater* verantwortlich
zeichnen.

Zusammenfassend lässt sich zunächst mit Wikipedia feststellen: Unter Theaterskandal, und das schließt den Opernskandal mit ein, versteht man „Konflikte um Theateraufführungen, die an gesellschaftliche, moralische, religiöse oder
künstlerische Tabus rühren, und dadurch die Reaktion der öffentlichen Meinung
herausfordern. Es kommt dabei zu Missfallenskundgebungen, Protesten oder sogar Tätlichkeiten im Zuschauerraum, in der Folge auch zu Zeitungskampagnen
oder politischen Konsequenzen wie Zensur oder Verbot." Allerdings ist diese Aussage nicht ganz korrekt, da die Reaktion des Publikums in der Regel keineswegs
einheitlich ist und es oft Buhrufe und Applaus gleichzeitig gibt, wobei freilich eine
Gruppe häufig dann das Übergewicht gewinnt.

Das Verhältnis zum Skandal, der heute ein Adoptivkind des Regietheaters zu
sein scheint, hat sich seit dem 19. Jahrhundert in der Kunst erheblich verändert.
Der Künstler, und das schließt den Regisseur mit ein, sieht zunehmend seine
Aufgabe nicht darin, feste Normen oder Vorgaben zu erfüllen, sondern absichtlich
gegen sie zu verstoßen. So wird der Skandal sozusagen zum Gütezeichen für Ori-
ginalität und Innovation in der Kunst und für die Inszenierung. Er legitimiert die
Arbeit des Künstlers fast stärker als der Beifall des Publikums, der Kritiker und des
Feuilletons. Man könnte überspitzt formulieren: Wer keinen Skandal vorzuweisen
hat, muss unbedingt einen erfinden, um *up to date* zu sein. Letztendlich hängt der
Skandal aber immer von den aktuellen sittlichen oder ästhetischen Normen der
Gesellschaft ab. Was früher der Skandal war und außergewöhnliche Reaktionen
hervorrief, ist heute oft nicht mehr so einfach nachzuvollziehen. Die Provokation
des Künstlers hat damit aber ihr eigentliches Ziel erreicht und neue Horizonte
eröffnet bzw. neue Maßstäbe gesetzt.

Die Ursache der heutigen Skandale liegt vorwiegend in ungelösten, unlösba-
ren Spannungen und Widersprüchen zwischen den drei Polen *Autor und Werk*,
Regisseur sowie *Publikum und Kritik*. Die Aushandlung ihrer unterschiedlichen
Ansprüche bzw. Rechte verläuft alles andere als konfliktfrei, und die überwiegend
kompromisslose Haltung der Protagonisten macht eine gütliche Einigung unmöglich. Viel lieber wirft man sich gegenseitig Ignoranz, Spießertum, professionelles

Unvermögen, Inkompetenz, Dilettantismus, Geschmacksverirrung u. ä. vor, als auf einander zuzugehen.

2. Werk und Autor

Die landläufigen Operndefinitionen gehen von der Trias: *Text – Musik – Szene* aus. Primärer Ausgangspunkt für jede Bühneninszenierung ist natürlich ein Werk, ein Schauspiel bzw. eine Oper. Letztere kann man vereinfacht als eine Kombination von Sprach- und Musikstück bezeichnen. Der Zusammenhang zwischen beiden Teilen war in der *Nummernoper* zunächst relativ locker. Sie setzte sich aus einer mehr oder weniger freien Folge von oft in sich geschlossenen Musikstücken (Ouvertüre, Arien, Chorstücke und Balletteinlagen) zusammen. Eine bahnbrechende Neuerung stellt die von Richard Wagner eingeführte *durchkomponierte Oper* dar. In ihr werden beide Elemente, Musik und Sprache, zu einem festen Ganzen verschmolzen. Libretto und Partitur bilden dann gemeinsam eine unauflösbare Einheit für jede Inszenierung und spätere Aufführung.

Nicht immer ist die Wertigkeit der beiden Teile so ausgeglichen wie bei Wagner, sondern häufig dominiert die Musik und die Libretti treten sogar in den Hintergrund. Das merkt man u. a. daran, dass die Komponisten der Opern in der Regel bekannter als ihre Librettisten sind. So haben nicht Schiller das Libretto zu Verdis *Don Carlos* oder Goethe zu Gounods *Faust* geschrieben, sondern François Joseph Pierre Méry und Camille Du Locle bzw. Jules Barbier und Michel Florentin Carré. Letztere gehen zwar von Schillers bzw. Goethes Text aus, aber sie versehen die Ausgangstexte mit neuen Akzenten und verwandeln sie in bühnenwirksame Opernlibretti. Das legt den Schluss nahe, dass in Opern die Musik und nicht der Text, der Komponist und nicht der Librettist im Vordergrund stehen.

2.1 Text

Am Libretto zeigt sich, dass der Text für die Inszenierung nicht immer sakrosankt ist. Vor allem sind Kürzungen für die Bühnenwirksamkeit des Stücks durchaus üblich, d. h. wenn der Text z. B. zu lang ist und seine vollständige Umsetzung die Geduld des Publikums zu sehr strapazieren würde. Weitreichende Überarbeitungen sind jedoch nur begrenzt möglich, weil das Werk sonst verändert oder gar verfälscht wird. Allerdings gibt es hier Unterschiede. Für Wagners Opern verbieten sich die Abänderung des Textes und auch seine Übersetzung in andere Sprachen von vornherein, weil sonst das von ihm intendierte Gesamtkunstwerk aus Musik und Sprache zerstört wird. Daraus resultiert die quälende Länge mancher Wagner-Oper.

Einen Sonderfall stellen die einst von der Zensur verlangten Auflagen dar, die
z. T. gravierende Abänderungen am ursprünglichen Text erzwangen. Sie nahm z. B.
Anstoß am Königsmord in der Oper *Maskenball* von Verdi, weshalb die Handlung in den frühen Fassungen nach Nordamerika verlegt und „nur" ein Gouver-
neur ermordet wurde.[2] Doch auch sonst werden Libretti nicht selten mehrmals
überarbeitet.

Ziemlich unproblematisch sind Textveränderungen natürlich immer, wenn
Operntexte übersetzt werden, weil davon das Original nicht unmittelbar betroffen
ist. Zur Diskussion steht dann höchstens die Qualität der Übersetzung und nicht
der Text selber. Unausweichlich sind größere Eingriffe im Text indessen, wenn
mehrere Fassungen vorliegen oder das Werk Fragment geblieben ist. In diesem
Fall ist der Regisseur sogar gezwungen, eine Auswahl zu treffen oder Ergänzungen bzw. Rekonstruktionen vorzunehmen. Ein gelungenes Beispiel ist hierfür
die berühmte Felsenstein-Inszenierung von *Hoffmanns Erzählungen* an der Komischen Oper in Berlin, die erst dem Stück ein hohes Maß an Geschlossenheit
und Glaubwürdigkeit verleiht. Dazu gehörte u. a. die Interpretation der zentralen
Frauenrollen durch eine Sängerin – ursprünglich von Melitta Muszely – und
ebenfalls von Hoffmanns Gegenspieler in den verschiedenen Metamorphosen als
Lindorf, Optiker Coppélius, Doktor Miracle und Kapitän Dapertutto durch einen
Sänger. Die Vielschichtigkeit seiner Geliebten Stella und seines Gegenspielers
Lindorf wird in der Phantasie Hoffmanns aufgespalten und ihre Charakterzüge
werden auf separate Figuren verteilt.

Grundsätzlich sind also Eingriffe im Text legitim, wenn er unvollständig, zu
lang oder übersetzt ist. Offen bleibt dabei die Frage, wie massiv und umfangreich
die Eingriffe sein dürfen und wo die Grenzen liegen. Sicher sollten sie nicht gegen
die Intention des Autors, soweit diese erkennbar ist, verstoßen. Allerdings verrät
der Bearbeiter hierbei immer seine persönliche Handschrift, seinen persönlichen
Interpretationsansatz, indem er sich enger an der Vorlage orientiert und höchstens
einige Akzente herausarbeitet oder seiner schöpferischen Phantasie mehr freien
Raum lässt.

Autorisierte Partituren und Texte können oder sollten hingegen nicht ohne
weiteres verändert werden, weil damit die ursprüngliche Intention des Autors
verfälscht wird. Die Reduktion der *Aida* auf eine reine Dreierbeziehung mit Liebe
und Eifersucht in Konwitschnys reduktionistischem Kammerspiel überschrei-
tet diese Grenze offensichtlich, weil der tragische Konflikt Aidas zwischen der

---

2   Zur Rückverlagerung der Handlung nach Schweden kam es pikanterweise erst 1927
    in Stockholm In: Lexikon 2002, S. 157.

Forderung des Vaters und der Liebe zu Radames verwischt wird. Nicht zuletzt deshalb reagierte das Publikum wohl unwirsch mit faulen Tomaten, weil es diese Inszenierung nicht mehr mit Verdi verbinden konnte. – Übrigens, woher kamen die Tomaten? Normalerweise ist die Oper kein Gemüseladen. War man auf den Skandal vorbereitet und versorgte sich vorher entsprechend?

Allerdings deutet sich hier bereits ein grundsätzlicheres Dilemma an, da jedes Kunstwerk in einem bestimmten zeitlichen Kontext geschaffen wird. Insofern ist es, einmal geschaffen, unveränderlich und Geschichte, was sich hingegen verändert, sind seine Rezeptions-, seine Interpretationsmöglichkeiten. Folglich stehen zwei unterschiedliche Auffassungen der Regie zur Wahl: 1. Der *antiquarisch-statische* Ansatz, d. h. der Versuch, das Stück aus seiner Entstehungszeit heraus zu verstehen, und 2. Der *fortschreibend-dynamische* Ansatz, d. h. die sich aus der zunehmenden zeitlichen Distanz zur Schöpfung des Werks ergebenden Akzentverschiebungen zu betonen und die Inszenierungstradition kritisch zu hinterfragen. Das Verhältnis des Publikums zu diesen beiden Möglichkeiten ist nicht eindeutig oder einheitlich. Der konservative Teil zieht meist den antiquarischen Ansatz vor, weil er den Genuss der Musik weniger beeinträchtigt und man keine provozierenden „Überraschungen" erlebt. Der progressive Teil scheint sich hingegen bewusst der Frage zu stellen: Was kann uns das Stück heute noch sagen? – Zwischen beiden Ansichten ist ein Kompromiss schwer möglich.

2.2 Musik

Die Partitur ist im Allgemeinen, abgesehen von Kürzungen, weniger direkten Eingriffen von außen ausgesetzt. Es sei denn, sie ist unvollständig oder nicht eindeutig, und es liegt keine autorisierte Fassung vor. Hierfür kann wiederum die Oper von Jacques Offenbach mit ihrer komplizierten Werkgeschichte als Beispiel dienen. Von ihr gibt es keine autorisierte Fassung, sondern nur zahlreiche Manuskriptseiten mit Varianten, und die befinden sich zudem nicht an einem Ort und in einer Hand. Außerdem hat Offenbach vor seinem Tod die Sing- und die Klavierstimme teilweise nur skizziert. Damit waren Überarbeitungen bzw. zahlreiche Ergänzungen für die Aufführung unausweichlich. Von Ernest Guiraud wurde die Partitur schließlich fertig gestellt. Die Partitur ist also nicht unbedingt unantastbar und kann vom Komponisten mehrmals überarbeitet werden oder unvollendet bleiben (vgl. Beethovens *Leonorenouvertüren* oder *Hoffmanns Erzählungen*). Insbesondere vollständige und Teilüberarbeitungen durch den Autor oder gar unvollendet gebliebene Werke fordern Eingriffe und Ergänzungen von späteren Bearbeitern und Regisseuren. Allerdings führt das kaum zu Skandalen, und das Interesse daran beschränkt sich letztlich auf einen kleinen Kreis von Fachleuten.

Die musikalische Umsetzung der Partitur selbst liegt in den Händen des Dirigenten, und der führt das Orchester, die Sänger sowie den Chor. Die Qualität
der Mitwirkenden ist natürlich eine wichtige Voraussetzung für den Erfolg der
gesamten Aufführung. Die alleinige interpretatorische Gestaltungshoheit bleibt
beim Dirigenten, und er bestimmt u. a. Takt, Einsätze sowie Tempi und allgemein
das harmonische Zusammenspiel aller Akteure.

Trotz der zentralen Bedeutung des Dirigenten für die musikalische Umsetzung
der Oper entzünden sich an seinem Part kaum Skandale. Höchstens persönliche Aversionen zwischen Sängern, Dirigent, Orchester usw. können dazu führen
und dann ins Feuilleton gelangen. Das Publikum reagiert zudem nur auf die
Gesangsleistungen unmittelbar, wie Applaus bzw. Ausbuhen während oder nach
der Vorstellung zeigen.

Insgesamt bietet die musikalische Umsetzung der Oper also kaum Anlass für
größere Skandale. Die Musik selbst hingegen schon, wie z. B. die zeitgenössischen
Reaktionen auf *Les sacre du printemps* von Igor Strawinsky und auf andere moderne Werke zeigen, die nicht immer den ungeteilten Beifall bei den Zeitgenossen
fanden.

3. Der Regisseur und seine Inszenierung

Den eigentlichen Ansatzpunkt für Diskussionen und Skandale und damit für die
Benutzung des oft als Schimpfwort verstandenen Begriffs Regietheater bildet die
Inszenierung, für die der Text des Librettisten und die Partitur des Komponisten den Ausgangspunktbilden. Über sie scheint der Regisseur heute beliebig zu
verfügen und das Werk oft als persönliche Spielwiese zu betrachten. Operninszenierungen bewegen sich, wie es scheint, grundsätzlich zwischen den beiden Extremen, nämlich antiquarisch-konservierend oder hausbacken und traditionell
sowie dynamisch-fortschreibend oder originell und provokatorisch, wenn man
dem Tenor der Kritiken glauben darf.

Unter Inszenierung versteht man, verkürzt gesagt, die genaue Planung, Erpro-
bung und Festlegung von Strategien, um die Aufführung eines Stücks zu realisieren.[3] Für die Gestaltung des äußeren Rahmens der Aufführung auf der Bühne
greift der Bühnenbildner, als Assistent des Regisseurs, zunächst auf die Mittel der
Malerei, Architektur, Requisite, Beleuchtung und Bühnentechnik zurück. Ferner
erhalten die Darsteller durch Maske und Kostüme ein für ihre Rolle angemessenes
Aussehen.

---

3   Theatertheorie 2005, S. 146.

Anfangs spielte die Inszenierung im Theater nur eine untergeordnete Rolle und wurde auch nicht als genuin künstlerische Tätigkeit verstanden. Der Regisseur hatte eher eine dem Werk dienende Funktion und bemühte sich nur, die mehr oder weniger detaillierten Bühnenanweisungen zu den Stücken auf der Bühne umzusetzen. Das änderte sich in den ersten Jahrzehnten des 20. Jahrhunderts, als die künstlerische Avantgarde auch eine „radikale Neustrukturierung eingespielter Wahrnehmungs- und Erfahrungsweisen des Publikums in einer Aufführung" forderte.[4] Darauf wurde „Theater zu einer eigenständigen, von der Literatur unabhängigen Kunstform und die Aufführung zu einem autonomen Kunstwerk erklärt".[5]

Damit ist natürlich ein Konflikt vorprogrammiert, und zwar zwischen den Erwartungen eines konservativen Publikums und den Vorstellungen des autonomen Regisseurs, was sich dann in den erregten Diskussionen um Pro und Contra des Regietheaters niederschlägt. Die Gegner in dieser Auseinandersetzung sind auf der einen Seite der seine eigenen Vorstellungen verwirklichende Regisseur mit seinem Helfer, dem Bühnenbildner, und auf der anderen Seite die Opernfans, die mit Leidenschaft am Objekt ihrer Verehrung hängen, sowie meist als ihr mediales Sprachrohr die Kritiker der Feuilletons. Die kontroversen Positionen werden allgemein mit den Schlagwörtern *Werktreue* und *Regietheater* umrissen, die eine kritische Analyse verlangen. Bei ihrer Erörterung zeichnet sich schnell ab, dass dahinter auch ein neues Bild von der Aufgabe des Theaters sichtbar wird, und die Beziehung zwischen Regisseur und Zuschauer im Sinne des *performative turn* eine völlig neue Ausrichtung erfährt.

3.1 Werktreue

Die von den Opernfans meist mit Vehemenz geforderte *Werktreue* geht vorwiegend von der sehr problematischen Auffassung aus, das die Absicht der Autoren die Grundlage für die Inszenierung bilden muss und sich in deren adäquater Aufführung niederzuschlagen hat. Diese Forderung erweist sich jedoch schnell als ein Fetisch oder Popanz. Denn bei den Stücken des klassischen Opernrepertoires lässt sich die genaue Absicht der Autoren, des Komponisten und des Librettisten, die nicht mehr unter uns weilen, nur noch schwer eruieren. Konkret entzündet sich die Kritik häufig jedoch nur an der Ausgestaltung des Bühnenbilds und der Kostüme, wieviele Publikumsproteste vermuten lassen. In dieser Hinsicht können Erwartungen des Publikums schnell enttäuscht und durch die Umdeutung des Regisseurs und ihre Umsetzung durch den Bühnenbildner provoziert werden.

---

4   Theatertheorie 2005, S. 27.
5   Ebd., S. 147.

In manchen Fällen ist die Möglichkeit für größere Veränderungen durch den Stoff an sich begrenzt. *Don Carlos* spielt zu einer ganz konkreten Zeit, während der Herrschaft Phillips II. im 16. Jahrhundert, und in einem bestimmten Ambiente, am spanischen Hof mit seinem strengen Protokoll. Abweichungen von diesen Vorgaben verbieten sich, wenn man das Werk nicht verfälschen oder ganz neu schreiben will. Zur Neuschreibung mit eigenem neuem Titel für ein Stück ringen sich freilich die wenigsten Interpreten durch. Eine solche, zudem besonders erfolgreiche Neuschreibung ist die *West Side Story* von Leonard Bernstein. Sie ist zweifellos sogar bekannter als die auf *Romeo und Julia* von Shakespeare fußenden Opern von Vincenzo Bellini oder Charles Gounod. Der Stoff wurde von Bellini und Gounod noch nahe an Shakespeares Vorlage umgesetzt, und deshalb werden die Namen der Protagonisten im Titel der Opern beibehalten. Von Bernstein erhält die Handlung eine völlig neue Gestalt und die Figuren sogar, was nur konsequent ist, andere Namen: *Tony* und *Maria*. Ein anderes gelungenes Beispiel ist *Carmen Jones* von Oscar Hammerstein, die als Film (1954) von Otto Preminger weltbekannt wurde.

Dieses Vorgehen ist sicher nicht nur legitim, sondern vor allem innovativ und kreativ, was man von den oben erwähnten, primär Skandale auslösenden Inszenierungen wohl in den seltensten Fällen behaupten kann. Gewiss gehen sie noch vom konkreten Werk und seiner Interpretation aus, aber sie benutzen es letztlich nur als Steinbruch, um eigene Eingebungen umzusetzen, und kappen so die Verbindung zum Ausgangstext. Das erkennt man u. a. daran, dass die *dekonstruktivistischen* Regisseure ihre Inszenierungen gewöhnlich mit umfänglichen Kommentaren begleiten müssen, um das Publikum über ihre Intentionen aufzuklären und es für sich zu gewinnen.

Dieser *dekonstruktivistische* Ansatz, den Konwitschny in seiner „Aida" verfolgt, wird gemeinhin mit *Regietheater* identifiziert. Freilich braucht ein Werk, je weiter seine Entstehung zurückliegt, umso mehr, eine überzeugende Interpretation durch den Regisseur, um es dem heutigen Publikum näher zu bringen, freilich mit dem Risiko von dessen Entmündigung. Die liegt besonders nahe, wenn der Regisseur nur noch zum Apostel eigener Ideen und Vorstellungen wird und diese kompromisslos durchsetzt, ohne Rücksicht auf das Stück und ohne das Publikum mitzunehmen.

Bei der Diskussion um die Werktreue zeigt sich aber noch ein anderes, grundsätzliches Problem, das die Literaturwissenschaft schon lange beschäftigt, nämlich das Verhältnis zwischen dem Werk und seinem Schöpfer. Kompliziert wird es dadurch, dass manche Autoren sich dezidiert über ihre Werke äußern, was dann oft für bare Münze genommen wird. Völlig zu Recht warnen Wellek und Warren vor einer unreflektierten, unkritischen Übernahme solcher Eigenbewertungen: „Es ist einfach unmöglich, sich auf die Absichten eines Dichters verlassen zu wollen, da diese vielleicht nicht einmal einen genauen Kommentar über sein Werk darstellen und bestenfalls nicht mehr als eben solch ein Kommentar sind."[6] Damit ist zweifellos wohl dem Ansatz von Werktreue, der sich allein auf die Absicht des Autors beruft, der Boden entzogen. Folglich wird die Funktion des Regisseurs aufgewertet, und das rechtfertigt, wenn er für seine Inszenierung von der Unabgeschlossenheit des Werks ausgeht und aus dem Stück herausholt, was er für interessant und aktuell erachtet und dann auf der Bühne umsetzt. Offen bleibt dabei freilich die grundsätzliche Frage, wie weit er gehen darf. Zu weit geht er fraglos, wenn er nur noch Textteile als Anregung zum Fortspinnen eigener Ideen benutzt. Als solch ein „egomanisches Opernkonstrukt" entlarvt Dominik Troger (2003) wohl zu Recht Konwitschnys „Aida".

3.2 Regietheater

Der Begriff *Regietheater* ist an sich nicht besonders glücklich gewählt, da wohl niemand bezweifelt, dass eine Oper inszeniert, d. h. erst auf die Bühne gebracht werden muss, um ihr Publikum zu erreichen. Das geht natürlich nicht ohne einen Koordinator. Folglich kann es nur um dessen genaue Funktionsbeschreibung gehen, und die hat sich im Laufe der Zeit, bzw. konkret ab der 1. Hälfte des 20. Jahrhunderts erheblich verändert, was vom Publikum nicht immer verstanden und goutiert wird. In offenen Konflikt geraten hier die Vorstellungen des autonomen Regisseurs und des mündigen Publikums. Letztlich bleibt der Terminus nicht wertungsfrei, und er ist zudem nicht ganz eindeutig.

Konkret werden dem sogenannten *Regietheater* – der problematische Terminus tritt erst seit den 1970er Jahren auf – folgende Vorwürfe gemacht:

- Die Inszenierung verletzt die Intentionen des Autors (im Musiktheater auch: des Komponisten). In diesem Zusammenhang werden insbesondere kritisiert: Willkürliche Zusätze und/oder Kürzungen, Verlegung der Handlung an einen anderen Ort oder in eine andere Zeit.
- Die Inszenierung lenkt vom Gehalt des Werkes ab. Dieser Vorwurf ist insbesondere im Musiktheaterbereich verbreitet, wo Regisseuren gelegentlich die Ablenkung von der Musik vorgeworfen wird, kommt aber auch im Sprechtheater vor, wo er sich meist auf das Einfügen von Szenen, die nichts mit dem eigentlichen Werk zu tun haben, bezieht.

6   Wellek / Warren 1972, S. 155.

- Die Inszenierung enthält Einlagen, die für das Werk entbehrlich sind. Kritisiert werden in diesem Zusammenhang beispielsweise das Zurschaustellen von Nacktheit oder unverhältnismäßiger Brutalität um ihrer selbst willen. (wikipedia)

Dieses sind schwere Vorwürfe, die mit dem Begriff *Regietheater* in seiner zunächst negativen Bedeutung verbunden werden. Vor allem wird zur Profilneurose neigenden Regisseuren, die unbedingt ihre Ideen verwirklichen wollen, die oft krampfhafte Aktualisierung der Handlung übelgenommen. Die ist besonders misslich bei Stücken, die größtenteils nur aus ihrer Entstehungszeit verständlich sind. Ihre Neuinterpretation gerät schnell zur Paraphrase, in der die persönlichen Vorlieben des Regisseurs dominieren. Wenn ein Regisseur seine Sicht der Dinge ohne Rücksicht auf das Werk umsetzt, tritt er in Konkurrenz zu den ursprünglichen Autoren, und man fragt sich, was von jenen noch übrig bleibt und wo das mündige Publikum seinen Platz hat.

Inzwischen hat der Begriff *Regietheater* jedoch auch eine Aufwertung erfahren, und man hält den Regisseuren zugute, dass sie mit ihren aktualisierenden Inszenierungen den veränderten Erfahrungshorizont des heutigen Publikums in Rechnung stellen. Der ist der veränderten Medienlandschaft mit Radio, Film, Fernsehen und Internet geschuldet, und durch diese Konkurrenz wird das Theater gegenwärtig vor ganz neue Herausforderungen gestellt. Um attraktiv zu bleiben und Leute ins Theater oder gar in die Oper zu holen, müssen sich die Regisseure fraglos etwas einfallen lassen. Damit sind vielleicht auch massive Eingriffe zu rechtfertigen. Vor diesem Hintergrund haben Provokationen eine klare Funktion. Sie sollen Aufmerksamkeit erregen, was beim inzwischen überwältigenden medialen Angebot keine leichte Aufgabe ist.

Eine entkrampfte Betrachtung des Verhältnisses von Kritik und Regietheater zeigt schnell, dass sie wohl „co-evolutionär" sind und einander bedingen. Zur ausschlaggebenden Instanz scheint mittlerweile der subjektive Geschmack aufzurücken, nachdem der vielbeklagte Werteverfall andere Maßstäbe in Frage gestellt hat. Dazu gehört, dass die Aufmerksamkeit des Zuschauers von der dargestellten Handlung auf ihre Darstellung gelenkt wird oder wie es Stegemann ausdrückt: „Die Mittel, mit denen die Geschichte erzählt wird, werden zum Bedeutungsträger. Ihre Wahrnehmung und Interpretation wird zur vorrangigen Aufgabe und Unterhaltung der Zuschauer."[7] In diesem Kontext gewinnt auch der Terminus „performative Wende" Profil, da der Zuschauer aus seiner passiven Rolle befreit und zur Mitarbeit aufgefordert wird: „Ich habe kräftig mitgespielt, wäre nun ein

---

7   Stegemann 2008, S. 211.

ideales Lob."[8] Dass nicht alle Zuschauer diese Rolle ohne weiteres annehmen und nicht alle Regisseure fähig sind, sie entsprechend zu motivieren, belegen die vielen „Opernskandale".

4. Ausblick

Die Diskussion über *Werktreue* und *Regietheater* ist keineswegs abgeschlossen und auch hier nicht abzuschließen, sondern sie flammt immer wieder auf. Aufschlussreich sind in diesem Zusammenhang die Beiträge im Hebbel-Jahrbuch 1982, insbesondere die dort abgedruckte Diskussion zwischen Literaturwissenschaftlern und Dramaturgen, die um diese beiden Begriffe kreist und viele z. T. oben behandelte Aspekte berührt. Dabei überrascht, dass die Praktiker den Begriff *Werktreue* keineswegs ablehnen, sondern einen vernünftigen Umgang damit anmahnen.

Eine sehr stürmische Wiederbelebung fand die Debatte unlängst als Reaktion auf die Rede des deutsch-österreichischen Schriftstellers Daniel Kehlmann zur Eröffnung der Salzburger Festspiele 2009, in derer gegen das sogenannte Regietheater zu Feld zog. Aus den sehr heftigen Reaktionen darauf ist zu entnehmen, dass sich die Kontrahenten z. T. noch immer unversöhnlich gegenüberstehen. Im Nachgang zu seiner Rede und dem von ihr ausgelösten Sturm im Blätterwald sagte Daniel Kehlmann dem *Spiegel* u. a.: Er habe lediglich für „ästhetische Offenheit" plädieren wollen. Gleichzeitig erneuert er seine Kritik an den Zuständen des Gegenwartstheaters: „Was im deutschen Theater herrscht, ist ein epigonaler Pseudoexperimentalismus, ein Mainstream, der auch deshalb so aggressiv verteidigt wird, weil es um die Verteilung von sehr viel Geld geht." Er habe also lediglich bloß darauf hinweisen wollen, dass man „eine bestimmte Art von Theater nicht als reaktionär abtun" möge, dass „die ästhetische Position des Ernstnehmens der Texte nicht unter Generalverdacht stehen sollte."[9]

Eine Gegenposition formuliert Peter Michalzik in der *Frankfurter Rundschau*: „Diese Rede ist ein Musterbild dumpf-reaktionären Denkens, ressentimentgeladen und argumentfrei zugleich. Sie wirkt in ihrem Bemühen, die Welt wieder zurechtzurücken, die Dinge wieder in ihre natürliche Ordnung zu bringen, herrlich harmlos, und doch laufen einem, wenn man genau hinhört, kalte Schauer den Rücken herunter."[10] Dieser Vorwurf hat natürlich eine eminent politische Dimension und rückt polemisch die Kritiker am Regietheater pauschal ins rechte Lager.

---

8   Ebd., S. 113.
9   In: Der **Spiegel** vom 03. 08. 2009
10 In: **Frankfurter Rundschau** vom 27. 07. 2009.

In dieser verfahrenen Situation wird eine entscheidende Größe vergessen, nämlich das Publikum, das mit den Füßen abstimmt und ins Theater geht und zahlt oder anderweitig seine Zeit verbringt. Es richtet letztlich auch über *Werktreue* oder *Regietheater*. Damit rücken freilich persönlicher Geschmack und Vorlieben in den Vordergrund, worüber man an sich nicht streiten kann, obwohl man das gerade besonders gerne tut. Zu dieser Frage hat weiland mein alter Gymnasialdirektor bereits ganz richtig festgestellt: „Es gibt nur einen Geschmack, das ist der gute Geschmack, und den habe ich." Damit ist fast alles gesagt.

Dem Wissenschaftler, vor allem gerade dem Theaterhistoriker verbleibt hingegen die Aufgabe, alles nüchtern und mit innerem Abstand zu registrieren, wobei vielleicht überrascht, dass ein bestimmter Kanon von Opern seit Jahrhunderten überdauert und immer wieder neue Auslegungen erfährt und die Musik eine erstaunliche Robustheit besitzt. Im Übrigen gibt es nicht nur einen Zugang zum Werk, für den gemeinhin der Terminus *Werktreue* beansprucht wird, sondern mehrere, darunter auch problematische, für die der Begriff *Regietheater* steht. Die Spannung zwischen festen Aufführungstraditionen und umstürzlerischen Neuerungen wird bestehen bleiben, sicherlich nicht zum Nachteil des Theaters, wenn man es nicht als Museum, sondern als lebendige Kulturinstitution versteht.

Literaturverzeichnis

Fischer-Lichte 2010 – Fischer-Lichte, Erika: Theaterwissenschaft. Tübingen/Basel.

Gutjahr 2008 – Gutjahr, Ortrud [Hg.]: Regietheater! Wie sich über Inszenierungen streiten lässt. Würzburg.

Hebbel 1982 – Friedrich Hebbel und das heutige Theater: Sonderdruck zum Hebbel-Jahrbuch 1982. Heide in Holstein.

Lempfrid 1994 – Lempfrid, Wolfgang: Warum diese Töne? Skandal und Provokation in der Musik. In: Die Befreiung der Musik: eine Einführung in die Musik des 20. Jahrhunderts / hrsg. von Franz Xaver Ohnesorg. Bergisch Gladbach, S. 119–131. www.koelnklavier.de/texte/varia/skandal_5.html

Lexikon 2002 – Lexikon der Oper: Komponisten – Werke – Interpreten – Sachbegriffe. Elisabeth Schmierer (Hrsg.). Laaber.

Stegemann 2008 – Stegemann, Bernd: Vom Nutzen und Nachteil der Kritik für das Regietheater. In: Gutjahr 2008, S. 105–114.

Theatertheorie 2005 – Metzler-Lexikon Theatertheorie. Fischer-Lichte, Erika / Kolesch, Doris / Warstat, Matthias (Hrsg.). Stuttgart, Weimar.

Theorien des Performativen 2011 – Theorien des Performativen. Klaus W. Hempfer / Jörg Volbers (Hrsg). Bielefeld.

Troger 2003 – Troger, Dominik: Klagenfurt 5:0 Graz – www.operinwien.at/werk-verz/verdi/aaida.htm

Wellek/Warren 1972 – Wellek, René /Warren, Austin: Theorie der Literatur, Frankfurt a. M.

Internetquellen

Calixto Bieito „Troubadour": www.faz.net/aktuell/feuilleton/opernskandal-der-exorzist-190984.html~ www.spiegel.de/spiegel/print/d-28530384.html

Jürgen Flimm „Hoffmans Erzählungen": www.nachtkritik.de/index.php?view= article&id

Daniel Kehlmann: www.spiegel.de/spiegel/print/d-66284731.html

Peter Konwitschny „Aida": www.bernerzeitung.ch/kultur/klassik/90-Prozent-der.../19342292~*www.fr-online.de* › *Frankfurter Rundschau* › *Kultur*~www.operinwien.at/werkverz/verdi/aaida.htm

Peter Michalzik: www.genios.de/presse-archiv/artikel/FR/20090727/der-kristall-luster/E5C51A23–09DA-4ACF-890D-5390485C145A.html

Hans Neuenfels „Aida": www.spiegel.de/spiegel/print/d-14325096.htm~www.zeit.de/1981/07/ein-vergnueglicher-ein-boeser-ernst/seite-2

Regietheater www.de.wikipedia.org/wiki/ (Zugriff 22.08.2014)

Theaterskandal www.de.wikipedia.org/wiki/(Zugriff 14. August 2014)

Interdisciplinary Studies in Performance

Edited by Mirosław Kocur

Vol.   1   Paul Martin Langner / Agata Mirecka (Hrsg.): Tendenzen der zeitgenössischen Dramatik. 2015.

www.peterlang.com